경제를 읽는
쿨한 지리 이야기

십대들을 위한 경제지리학

경제를 읽는
쿨한 지리 이야기

발행일	2019년 09월 25일 초판 1쇄 발행
	2023년 03월 10일 초판 6쇄 발행
지은이	성정원
발행인	방득일
편 집	박현주, 허현정, 강정화
디자인	강수경
마케팅	김지훈

발행처	맘에드림
주 소	서울시 도봉구 노해로 379 대성빌딩 902호
전 화	02-2269-0425
팩 스	02-2269-0426
e-mail	momdreampub@naver.com

ISBN 979-11-89404-25-3 44300
ISBN 979-11-89404-03-1 44080(세트)

십대들을 위한 경제지리학

경제를 읽는
쿨한 지리 이야기

성정원 지음

맘에드림

더 넓고, 더 깊은 세상을
스스로 탐구하기를 바라며

'수업에서 무엇을 어떻게 가르칠 것인가?'는 모든 교사들이 평생 품고 살아가는 고민일 것입니다. 경기도에 혁신학교 열풍이 불던 2011년, 우연히 듣게 된 한 강의에서 무엇을 어떻게 가르칠 것인가에 대한 큰 방향을 잡을 수 있었습니다. 이 책을 집필하게 된 것도 바로 그 강의에서 시작되었다고 할 수 있겠군요.

김홍도의 <소림명월도>

광고계의 스티브 잡스라고 불리는 박웅현 님의 강의였습니다. 그는 일상생활에서의 소중함을 느끼기 위해 출퇴근 시간 대중교통을 자주 이용한다고 합니다. 왜냐하면 자동차 운전을 하며 빠른 속도로 달릴 때는 보지 못했던 것들을 비로소 보게 되는 경우가 많기 때문이라는군요.

어느 퇴근길, 그는 약간 취한 기분으로 음산한 숲길을 걸었습니다. 나뭇잎이 떨어지고 가지만 흐느끼는 음산한 숲속을 걷다가 우연히 하늘을 바라보니 나뭇가지 사이로 보름달이 걸려 있었죠. 약간의 술기운에 의한 몽롱함과 음산한 숲속 나뭇가지 사이로 보이는 보름달은 소름 돋는 황홀한 기분을 전해주었다고 합니다. 그런데 그런 황홀함에 더욱 심취할 수 있었던 것은 무심히 귀에 꽂고 있던 이어폰에서 흘러나오는 베토벤의 피아노 소나타 14번 '월광' 때문이었죠. 박웅현 님은 그 황홀한 감동 속에서 예전에 책에서 보았던 하나의 그림을 떠올렸습니다. 바로 김홍도의 〈소림명월도〉로 스산한 숲속의 밝은 달을 그린 그림입니다. 그는 치솟는 지적 호기심으로 김홍도와 베토벤에 대한 책과 자료를 찾아보게 되었고, 몰입하여 그들의 삶을 공부했다고 합니다.

베토벤과 김홍도는 유사한 환경(장소)에서 박웅현과 같은 느낌을 받았을 것이고, 베토벤은 음악으로, 김홍도는 그림으로 그것을 표현했습니다. 만약 수업시간에 이것에 관해 가르쳐야 한다면 박웅현 님이 느꼈던 것처럼 느낄 수 있게 해주는 것이 최선일 것입니다. 먼저 느낀 후에 뭔가 호기심이 솟구치면 아이들은 자발적으로 즐겁게 찾아볼 테니까요. 배움에 있어서 한층 능동적인 모습을 보여줄 것입니다. 어떤 것에 간절한 호기심을 느낄 때 아이들은 비로소 들여다보게 됩니다. 아이들이 배움을 간절히 원하도록 뭔가 느낄 수 있는 수업을 해보고 싶다는 마음을 먹게 된 강의였습니다.

박웅현 님이 일상의 소중함을 느끼기 위해 버스를 타고 출퇴근을 한 것처럼, 대학 입시를 위해 열심히 공부하고 있는 우리 아이들이 이 책을 읽으며 평상시에 미처 보지 못했던 자신이 살아가는 세상의 모습들을 볼 수 있게 되기를 바랍니다. 아울러 이 책의 이야기들이 호기심의 마중물이 되어 더 넓고 깊은 세상을 스스로 탐구하게 되기를 기대합니다.

이 책의 주제는 2015 개정교육과정 세계지리 교과서의 지역지리 단원 내용요소를 선정하는 빅 아이디어(Big Idea)를 바탕으로 선정하였습니다. 제1장은 도심에서 나타나는 젠트리피케이션의 과정과 우리나라에서 이 현상이 어떻게 나타나는지 정리했습니다. 또한 이로 인해 나타나는 경제·사회적 문제점과 이에 대해 해결 방안을 철학자들의 사상을 빌어 생각해볼 거리를 제시하였습니다. 제2장은 동양과 서양의 경제성장이 종교와 관련이 있는가에 대한 연구를 정리하고, 이슬람교, 유대교, 힌두교가 경제활동에 영향을 미친 에피소드를 정리하였습니다. 제3장은 날씨와 기후변화가 경제활동에 영향을 준 다양한 사례들을 제시하면서 미래의 기업 경영 방향과 최근 주목받는 날씨 관련 직업에 대해 소개하였습니다. 또한 기후변화로 더욱 고통받는 취약 계층과 기후 난민에 대해 생각해볼 거리를 제시하였습니다. 제4장은 우리나라가 직면한 인구 문제를 제시하고, 인구학자와 경제학자들의 이론을 바탕으로 우리나라의 인구 정책에 대해 정리하였습니다. 그리고 인구 문제가 심각하게 나타나는 농촌 지역의 지방 소멸 문제에 대한 논의거리를 제시하였습니다. 제5장은 인류가 생존하기 위해 반드시 필요한 식량의 가격 형성과 인구 증가에 따른 식량 문제의 해결 방안을 정리하였고, 또한 우리가 즐겨먹는 음식들을 저렴하게 공급하는 과정에서 발생한 문제점을 제시하였습니다. 제6장은 최근 세계의 정치·경제에 큰 파장을 몰고 온 브렉시트 문제를 유럽연합의 역사부터 정리하여 제시하였고, 브렉시트 이후 유럽, 영국 그리고 우리나라에 미칠 영향에 대해 정리하였습니다. 제7장은 최근 가장 이슈가 되고 있는 북한 지역에 대한 자료를 실었습니다. 장마당과 개혁 정책을 통해 북한에 들어온 자본주의의 현실과 우리가 그동안 관심 가지지 못했던 북한의 구석구석 이야기 등을 정리하였습니다.

이 책을 읽는 청소년들이 "경제적이니까 괜찮아."라고 말하며 애써 외면했던 '제3세계 국가의 굶주림, 이주 노동자들의 노동력 착취, 도시 빈민층의 둥지 내몰림, 지방 소멸, 난민 문제' 등에 대해 다시 한 번 생각해볼 수 있는 기회가 마련되었으면 하고 바랍니다. 또한 이러한 고민을 통해 세계시민으로서 한 단계 성숙한 삶의 태도를 갖게 되기를 기대해봅니다.

2019년

차 례

CHAPTER 03 날씨와 돈벌이

"날씨는 시장에 어떤 영향을 미칠까?"

CHAPTER 04 인구와 경제

"인구 감소는 경제를 위태롭게 할까?"

CHAPTER 05 먹거리의 생산과 유통

"우리가 먹는 음식이 우리의 내일을 바꾼다!"

CHAPTER 06 유럽과 유럽연합

"브렉시트, 유럽 통합을 뒤흔들다!"

CHAPTER 07 통일과 경제

"북한, 어디까지 알고 있니?"

텔레비전이나 인터넷 등을 통해 여러분도 '젠트리피케이션'이라는 말을 들어본 적이 있을 것입니다. 아니면 혹시 처음 들어보았나요? 쉽게 설명하면 이렇습니다. 예를 들어 몇몇 개성 있는 작은 가게들이 입소문을 타면서 유명해지면 그 유명세를 타고 그 지역에 사람들이 몰리게 되죠. 그러면 그 지역의 임대료는 자연히 크게 오르게 됩니다. 하지만 정작 거리를 유명하게 만든 장본인들은 상승한 임대료를 감당하지 못해 쫓겨나고, 건물주들은 자본을 앞세운 대기업 프렌차이즈에 그 빈자리를 내주면서 결국 거리 본연의 매력을 상실하게 되죠. 자본주의 사회 곳곳에서는 사실 이런 일들이 빈번하게 일어나고 있고, 이제는 하나의 사회문제로 부각되고 있죠. 이는 모두 함께 잘 사는 사회가 아니라 소수에게 집중된 부의 불평등을 보여주는 대표적인 사례로 꼽히며, 공정사회에 대한 의문을 제기하게 해줍니다. 사실 젠트리피케이션의 본래 의미는 이러한 부의 불평등을 의미하는 것이 아니었습니다. 이 책에서 젠트리피케이션의 의미와 부의 불평등이라는 누명을 쓰게 된 이유를 지리적 시선으로 따라가 보고자 합니다.

CHAPTER 01

젠트리피케이션과
둥지에서 쫓겨나는 사람들

"조물주 위의 건물주?"

누군가에게는
무례하기 짝이 없는 도시

여러분 '도시'는 영어로 무엇인가요? 네, 도시는 영어로 'Urban'이라고 합니다. 이 단어의 어원은 라틴어 'urbs'라고 합니다. 뜻을 살펴보면 'urbs'의 형용사 urbaus는 '도시'의 의미와 함께 '우아한, 세련된'이라는 뜻도 가지고 있죠. urbaus에서 파생된 단어인 urban(도시)과 urbane(우아한)을 보면 그 의미를 확인할 수 있습니다. 즉 도시는 예로부터 그 자체로 사람들에게 우아하고, 예의바르며, 정중한 공간으로 인식되었다는 뜻입니다.

그런데 현대사회의 도시는 과연 이렇듯 우아하고, 예의바름을 유지하고 있을까요? 혹시 누군가에게는 오히려 매우 천박하고 무례한 태도를 보이고 있는 건 아닐까요?

유명세는 약인가, 독인가?

본격적인 이야기를 시작하기 전에 잠깐 영화 얘기를 하나 해볼까 합니다. 2019년 개봉해서 "지금까지 이런 맛은 없었다! 이것은 갈비인가 통닭인가?"라는 유명한 대사를 남긴 영화 〈극한직업〉은 무려 1,600만 명의 관객을 끌어모으며 흥행에 크게 성공했습니다. 영화의 흥행과 더불어 영화 못지않게 한동안 사람들의 입에 오르내린 장소가 있습니다. 바로 '수원 통닭거리'입니다.

영화 속에 등장하는 허구의 '수원 왕갈비 통닭'이 큰 인기를 끌면서 현실의 왕갈비 통닭을 맛보기 위해 곳곳에서 몰려든 사람들

수원 통닭거리
영화의 흥행과 함께 수원의 통닭거리도 덩달아 유명세를 타게 되면서 사람들의 발걸음이 끊이지 않았다고 합니다.

로 인해 수원의 화성행궁 주변의 통닭거리 전체가 들썩였다고 합니다. 원래 이 거리는 수원에 살고 있다면 모르는 사람이 거의 없는 지역 명소로 15개 정도의 통닭집이 늘어서 있습니다. 그런데 영화의 인기와 함께 평소 유동인구의 2배가 넘는 사람들이 모여들면서 한층 새로운 활기를 띠게 된 거죠.

통닭거리의 맞은편은 유네스코 세계문화유산에 등록된 화성행궁이 있습니다. 통닭거리에 사람들이 몰려들면서 화성행궁 주변의 행궁동 골목길에는 아기자기한 커피 전문점과 음식점들이 속속 들어섰습니다. 마치 서울의 '경리단길' 같은 새로운 골목 상권이 형성된 거죠. 사람들은 이 골목을 '행리단길'이라 부르며 고즈넉한 옛 건물들 사이로 오래된 집들과 골목이 뽐어내는 멋을 즐기기 위해 모여들고 있습니다. 수원 통닭거리와 화성행궁 주변의 골목길은 시너지 효과를 일으키며 새로운 관광명소가 되어가고 있습니다.

1,000만 영화 덕본 수원 통닭거리… 젠트리피케이션 우려된다.

하지만 이러한 급작스러운 인기를 반기기는커녕 걱정하는 사람들도 많습니다. 사람들의 입소문을 타고 유명해진 거리들은 단기적으로는 사람들이 많이 모여들어 경제가 활성화되지만, 유명해진만큼 건물의 임대료가 급상승하게 됩니다. 대체로 거리의 인기를 주도해

온 사람들은 자신의 건물이나 가게를 가진 사람들이 아니라 소자본을 밑천으로 그저 도시의 작은 공간을 임대해왔을 뿐입니다. 그들 중 대부분은 치솟는 임대료를 감당할 능력이 없기 때문에 결국 쫓겨나고 거리는 예전의 명성을 잃게 되는 일들이 현대 자본주의 사회에서는 빈번하게 나타나고 있습니다. 흔히 이러한 현상을 가리켜 젠트리피케이션(gentrification)이라고 부릅니다.

돈 없으면 그만 나가주시죠?

2012년에 개봉한 영화 〈건축학개론〉의 초반에 남녀 주인공이 대화를 나누던 예쁜 카페가 나옵니다. 바로 이 카페로 인해 많은 사람들이 젠트리피케이션에 대해 관심을 갖게 되었습니다.

사실 이 카페는 이태원의 어느 낡은 건물을 리모델링해서 만든 공간이었습니다. 그러다가 SNS와 입소문을 통해 점차 알려지면서 급기야 영화 촬영 장소로 이용될 만큼 유명해졌죠. 처음 이 공간은 예술, 전시 그리고 관객을 지역과 밀접하게 연계하여 함께 소통하는 예술의 장으로 만들고자 했던 젊은 예술가들의 공간이었습니다. 하지만 영화의 개봉과 함께 큰 유명세를 얻게 되면서 사람들이 우르르 몰려들자 건물주는 임대료를 크게 올렸고, 젊은 예술가들은 도저히 임대료를 감당할 수 없었죠. 아이러니하게도 이들이 만든 유명세가 이들을 도시에서 떠나게 만든 원인이 된 것입니다.

이들에게 도시는 전혀 정중하지도 우아하지도 예의 바르지도 않았죠. "돈 없으면 잔말 말고 나가!"라고 문전박대를 당한 것 같은 기분이 들었을 테니까요. 그들에게 도시는 참으로 냉담하고 무례하기 짝이 없게 느껴지지 않았을까요? 또한 오직 '돈'만 밝히는 도시의 모습이 참으로 천박하게 느껴졌을지도 모릅니다.

젊은 예술가들이 떠난 도시 공간에는 거대한 자본을 앞세운 세계적으로 유명한 대형 프랜차이즈 커피전문점이 들어섰습니다. 이러한 과정들이 언론을 통해 알려지면서 젠트리피케이션이라는 용어가 많은 사람들에게 알려지게 된 것입니다. 젠트리피케이션의 사례에서도 볼 수 있지만, 현대 자본주의 사회에서 '건물'이나 '토지'를 소유한다는 것은 마치 조물주 못지않은 막강한 힘을 행사할 수 있음을 의미합니다.

지리적 가치가 높은 건물이나 토지를 소유할수록 힘은 더욱더 막강해지죠. 그렇다 보니 최근에는 장래희망이 '건물주'라고 말하는 청소년들도 적지 않습니다. 하지만 지리의 가치를 높이는 사람과 그 가치를 누리는 사람이 꼭 일치하는 건 아니라는 현실은 어쩐지 좀 씁쓸한 느낌을 감출 수 없습니다.

젠트리피케이션은
어떻게 이루어지는가?

　　　　　　　　　　　　우리는 앞에서 '젠트리피케이션'
이 무엇인지에 관해서 간단히 살펴보았습니다. 하지만 이것만으로
는 젠트리피케이션이 대체 우리의 삶과 사회에 어떤 의미가 있고,
또 어떤 영향을 미치는지 제대로 이해하기 어려울 것입니다. 그래
서 좀 더 이야기를 이어가 보려고 합니다.

　거리의 소박하고 아기자기한 볼거리 속에서 여유와 아름다움을
즐기기 위해 사람들이 많이 찾는 경리단길, 가로수길 같은 골목길
은 삭막한 도시에서 '힐링'의 장소로 각광을 받았습니다. 그런 곳들
은 주변을 둘러볼 여유를 갖지 못한 채 지하철이나 자동차에 몸을
싣고 쳇바퀴처럼 학교와 직장을 오가던 사람들, 대형 쇼핑몰에서
보는 획일화된 완성품에 피로감을 느끼며 살아온 사람들에게 뭔가

신선한 자극을 주었으니까요.

얼핏 화려하지만, 자세히 들여다보면 차갑기 그지없는 오늘날의 도시에서 사람들에게 따뜻한 위로와 휴식을 주는 힐링의 공간들은 대체 어떻게 만들어질까요? 또 왜 사라지는 걸까요? 여기에서는 이를 지리적 시선으로 따라가 보려고 합니다.

1단계. 사람들이 모여들면 도시가 만들어진다

사람들이 모이면 경제활동이 일어납니다. 그리고 그곳의 질서 유지를 위한 정치권력이 자연스럽게 생겨나게 되죠. 아마도 도시가 처음 만들어지기 시작했을 때의 모습은 공간상으로 볼 때 질서를 갖지 못했을 것입니다. 그렇기 때문에 주거지와 공장, 백화점과 기업의 본사 등이 서로 뒤섞여 있는 모습이었을 것입니다.

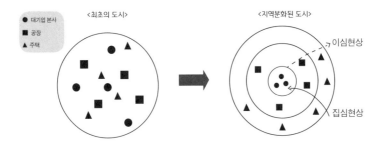

도시의 지역분화 과정
최초의 도시는 무질서한 형태로 존재하지만 시간이 흐를수록 접근성에 따라 지역분화가 일어나게 됩니다.

하지만 시간이 지날수록 사람들이 이동하는 흐름에 따라 도로가 건설되고 교통이 편리한 곳, 즉 **접근성**이 높은 지점으로 사람들이 더 집중하게 됩니다. 접근성이 높은 곳은 당연히 지대가 높게 형성될 것이고, 각각의 기능들은 지대 지불 능력의 차이에 따라서 자연히 **지역분화**가 일어나게 되죠.

높은 지대를 지불할 수 있는 자본력을 갖춘 백화점과 대기업 본사와 같은 상업·업무 기능은 접근성이 높은 도심 가까이 입지할 것이고, 도심의 접근성이 크게 필요하지 않은 주거지는 도시 외곽 지역에 입지하게 됩니다. 처음 도시가 만들어질 때 외곽에 입지했던 상업·업무 기능은 접근성이 높은 도심지역으로 이동하게 되는데, 이러한 현상을 **집심현상**이라고 합니다. 또한 접근성이 높은 도

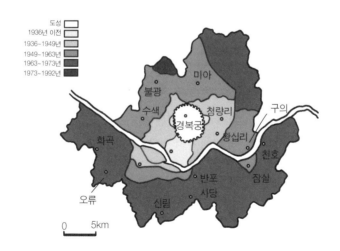

서울의 공간 범위 확대
경제활동이 활발해지면서 서울은 외적 확장을 거듭하게 됩니다.

심지의 주택은 높은 지대를 감당하지 못하고 외곽지역으로 나가게 되는데, 이를 이심현상이라고 합니다. 이러한 과정을 거치면서 도시는 만들어지고 또 성장하는 것입니다.

시간이 흐를수록 도시는 경제활동이 활발해지면서 점차 주변지역에서 인구가 유입되고 이로 인해 도시는 점점 성장하여 외연적으로 확대됩니다. 예컨대 조선시대 서울은 성곽 이내의 공간에 불과했지만, 시간이 흐를수록 인구가 점차 많아지면서 공간범위가 넓어진 것처럼 말이죠.

2단계. 사람들이 도시를 떠나고 도심이 노후화된다

도시의 중심은 사람들로 붐비게 되고, 더 많은 사람들이 모일 수 있도록 건물들은 점점 고층화됩니다. 그리고 사람들의 삶의 질보다는 경제적 이익을 창출하는 공간으로 탈바꿈하게 되죠.

처음에는 오밀조밀 모여 살던 사람들은 점점 이러한 답답한 도시 환경에 지쳐 도시의 중심에서 벗어나고 싶어 합니다. 미국에서는 2차 세계대전 이후 이러한 도시 탈출이 시작되었죠. 쾌적한 환경을 갖춘 교외지역에 넓은 주택을 짓고, 삶의 질을 높이는 주거 환경을 선택한 사람들의 이동이 시작되었습니다. 이러한 현상을 교외화(suburbanization)라고 합니다.

교외화 현상으로 인해 여러 가지 변화가 나타나기 시작했습니다.

특히 이러한 변화를 통해 큰 이익을 본 것은 바로 자동차와 대형 가전제품 회사들이죠. 직장과 멀리 떨어진 곳에 사는 사람들이 차를 타고 도심으로 출퇴근하는 것이 보편화되기 시작했고, 주말을 이용해서 도심에 있는 대형마트로 장을 한꺼번에 보러 가면서 '마이카(my car)' 열풍이 불기 시작했습니다. 아울러 이러한 주말 장보기 문화는 냉장고의 대형화 등 가전제품의 크기가 커지는 데도 지대한 영향을 미쳤다고 합니다.

교외지역으로 이주한 상류층 사람들은 더 넓고 쾌적한 환경을 찾

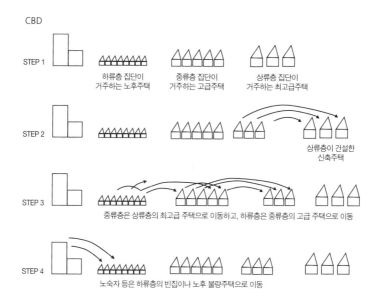

주택 여과과정

대중교통에 구애받지 않는 상류층이 쾌적한 교외로 이탈하면 중류층이 기존 상류층의 주거지역으로 이동하고, 하층민은 중류층의 주거지역으로 이동하는 주택 여과과정이 나타납니다.

아서 더 외곽으로 이주하여 새로운 주택단지를 건설합니다. 그러면 중류층 사람들은 기존의 상류층 거주지로 이주하고, 하층민은 다시 중류층의 거주지로 이동하는 현상이 나타나게 됩니다. 즉 외곽지역은 부유한 상류층이 거주하고, 도심으로 가까이 들어올수록 저소득층이 노후화된 주택이 거주하는 현상이 뚜렷해지는 거죠. 이러한 현상을 가리켜 주택 여과과정(Housing filtering)이라고 합니다.

이로 인해 도심의 노후화된 주거 공간은 빈민층과 노숙자의 공간이 되면서 도심의 화려한 고층빌딩과 어울리지 않는 이질적인 공간으로 남아 있게 되었습니다.

3단계. 도심에 다시 사람들이 들어온다

20세기 중반 서구의 대도시에서는 도심지역의 낙후된 주택을 수리하고, 주변 환경을 개선해서 살고자 하는 개척자들이 나타나기 시작했습니다. 이렇게 도심지역이 새롭게 변화해가는 현상을 젠트리피케이션(gentrification)이라고 하며, 변화를 주도하는 개척자들을 젠트리파이어(gentrifier)라고 부릅니다. 이 용어는 1964년 영국의 도시학자 루스 글라스가 1960년대 런던의 낙후된 도심지역이 중산층에 의해 변화되는 과정을 설명하기 위해 처음 사용한 용어입니다. 이 단어의 사전적 정의의 해석을 보면 젠트리피케이션을 조금 더 이해할 수 있을 것입니다.

'Gentrification'의 어원을 살펴보면 'gentry'는 상류사회 계층을 의미하는 단어이고, 특정 도시를 고급스럽게 변화시키는 과정을 의미하는 'gentrify'의 명사형입니다. 다시 말해서 상류층에 의해 주거지가 고급화되어가는 현상을 뜻하죠. 단어에서 짐작할 수 있듯이 서구의 젠트리피케이션을 주도하는 젠트리파이어는 주로 넓고 쾌적한 환경의 교외지역에서 거주하던 중상류층들이었습니다. 이들은 오랜 기간 교외지역에 거주하다가 도심 주거지역으로 이주해왔습니다. 특히 비교적 젊고 고소득층에 속하는 독신 가구와 전문직 종사자들은 도심의 근무지와 가깝고, 도심지역의 서비스를 이용하기 위해서 젠트리피케이션을 주도했죠.

이렇게 중·상류층 사람들이 도심의 주거지로 대거 유입되면서 도심에는 새롭게 건축물들이 건설되었고, 이는 도시 공간의 경제 가치를 높였습니다. 하지만 결과적으로 주거비용을 끌어올렸고, 비싼 월세나 집값 등을 더 이상 감당할 수 없게 된 원주민들은 다른 곳으로 떠날 수밖에 없게 됩니다.

이러한 젠트리피케이션이 어떠한 과정으로 진행되는지를 MIT의

패티슨(Timothy Pattison)은 다음과 같은 4단계로 분류하였습니다.

- 1단계. 선구자 젠트리파이어의 도심 진출
  위험을 무릅쓰는 소수의 선구자 젠트리파이어들이 노동계급 및 하층민 거주지역으로 이주하여 불량주택을 보수하고 주거 환경을 개선하기 시작하는 단계.

- 2단계. 원주민의 이탈 시작
  젠트리파이어의 주거 개량이 확산되면서 비슷한 사회·경제적 배경을 지닌 중산층의 관심을 끌게 됨에 따라 부동산투자가 점차 증가하고 구주민이 내몰리는 단계.

- 3단계. 본격적인 지역 가치 상승
  대중매체가 지역에 관심을 기울이면서 대형 개발업자가 진입하고 부동산 가격 및 임대료가 상승하여 하층민의 이탈이 본격화되고 새로 이주한 중간 계급에 의한 환경미화가 눈에 띄게 진행되는 단계.

- 4단계. 선구자 젠트리파이어의 이탈
  부동산투자 급증과 원래의 지역 주변에 신규 거주공간 건설이 가속화되고 부동산시장의 논리가 지배함에 따라 대형 자본에 밀려 선구자 젠트리파이어들도 다른 곳으로 옮겨가는 단계.

젠트리피케이션
제대로 이해하기

　　　　　　　　　　　　　우리는 젠트리피케이션이 이루어
지는 과정에 대해서 함께 살펴보았습니다. 그런데 앞서 소개한 젠
트리피케이션과 젠트리파이어의 단어 의미를 살펴보면 상류층에
의해서만 변화가 일어나는 것처럼 생각할 수도 있지만, 꼭 그러한
것만은 아닙니다. 이 책을 시작하면서 설명했던 사례처럼 소규모
자본만을 가진 영세 상업자들에 의해 젠트리피케이션이 일어나기
도 하니까요. 그래서 여기에서는 젠트리피케이션을 일으키는 주체
들과 장소에 대해서 알아보고, 실제 우리나라의 젠트리피케이션 사
례들을 몇 가지 살펴보려고 합니다.

누가 젠트리피케이션을 일으키는가?

가장 먼저 살펴볼 것은 개척자 젠트리피케이션입니다. 창의적이고 젊은 예술가들이나 소자본 상인들은 그들만의 독특한 개성을 살려 구도심의 낙후된 공간을 새롭게 변화시키는 것입니다. 최초의 개척자들이 만들어 놓은 이러한 공간에 유사한 업종의 상점이나 갤러리가 모여들면, 이 장소를 소비하는 사람들이 자연스레 모여들면서 상권이 형성됩니다. 이들이 주도하는 것이 바로 개척자 젠트리피케이션입니다. 우리나라의 가로수길, 경리단길은 모두 이러한 개척자 젠트리피케이션에 의해 형성되었다고 할 수 있죠.

그런데 이러한 변화가 감지되기 무섭게 자본을 소유한 투자자들이 모여듭니다. 이들은 부동산업자를 중심으로 가치 상승이 예상되거나 시작되는 지역의 건물들을 발 빠르게 매입하죠. 그리고 이들은 막강한 자본력을 앞세워 이 지역을 기존에 보지 못한 개성 있는 새로운 명소가 될 것이라고 언론과 SNS를 이용해서 소문을 퍼트리면서 유사한 업종의 상인들을 해당 지역으로 유인합니다. 이들은 미리 사두었던 건물을 리모델링하거나 재판매하여 막대한 차익을 거두게 되는데, 이런 사람들이 주도하는 것을 개발자 젠트리피케이션이라고 합니다. 이는 우리나라 경리단길의 현재 모습이기도 합니다. 개발자 젠트리피케이션으로 인해 지나치게 상승해버린 임대료를 버티지 못해 초기 개척자들이 속속 떠나고 있으니까요.

기존의 낙후된 건물을 철거하고 대규모 아파트 단지를 건설하는 것도 젠트리피케이션의 하나로 볼 수 있습니다. 이는 정부나 대기업이 주도하는데, 강압적 방법으로 현재 거주민을 몰아내고 새로운 주거지를 건설하죠. 이렇게 강력한 권력과 자본에 의해 대규모로 진행되는 것을 슈퍼 젠트리피케이션(혹은 뉴빌드 젠트리피케이션)이라고 합니다. 이러한 형태는 주로 시민사회의 권한이 상대적으로 약한 동아시아 지역에서 자주 발생합니다. 우리나라의 경우 철거민 문제를 야기하는 대규모 아파트 단지의 건설 사업이 슈퍼 젠트리피케이션의 대표적인 예라고 할 수 있을 것입니다.

젠트리피케이션은 어디에서 일어나는가?

젠트리피케이션은 우리가 살고 있는 도시의 어느 특정 공간에서만 일어나는 것이 아닙니다. 즉 주거 공간, 상업 공간, 문화 · 예술 공간을 막론하고 다양하게 일어날 수 있습니다.

우선 주거지가 고급화되는 주거 젠트리피케이션입니다. 주택을 리모델링 또는 재건축하게 되면 부동산의 가격이 상승합니다. 이에 따라 원래 살던 주민이 임대료 인상을 극복하지 못하고 이탈하죠. 최초의 젠트리피케이션이라는 용어는 바로 주거 젠트리피케이션에서 온 것입니다. 영국의 도시학자 루스 글라스가 런던 햄스테드와 첼시의 노동자들의 주거지가 상류층의 주거지로 변화하는 모습을 관찰하면서 처음 사용했죠. 노후화된 주거지뿐만 아니라 공장이나 창고가 고급 주거지로 변화하는 경우도 있습니다. 동아시아의 대도시들은 대기업이나 정부가 슬럼가를 철거하는 대규모 투자 형태로 빠르고 넓은 범위의 주거 젠트리피케이션이 나타납니다.

둘째, 상권이 고급화되는 상업 젠트리피케이션입니다. 상업 젠트리피케이션에서는 소수의 젊고 창의적인 상인이나 예술가들이 개척자 역할을 담당합니다. 예컨대 이들이 구도심의 노후화된 건물을 개량하여 지역의 전통을 유지하면서도 세련되고 독특한 개성을 가진 상점들을 열면, 거기에 매력을 느낀 사람들의 발걸음이 이어지게 됩니다. 그러면 개척자들에 의해서 만들어진 개성 있는 상점들과 유사한 업종의 상점들이 주변에 모여들면서 상권이 형성되면 주변의 건물 임대료가 상승하고, 부동산의 가치가 상승하는 거죠.

셋째, 문화예술 젠트리피케이션은 구도심지역의 임대료가 저렴한 건물에 모여 공연이나 작품 전시 등의 활동을 하면서 문화적 장소성을 형성합니다. 독특한 문화를 즐기기 위해서 사람들이 모여들면, 이들을 대상으로 한 상권이 형성되어 상업 젠트리피케이션과 유사한 형태의 젠트리피케이션이 일어납니다.

동네가 뜨니 사람이 뜬다, 우리나라의 젠트리피케이션

우리나라의 경우 젠트리피케이션은 어떻게 시작되었을까요? 바로 아파트 단지를 통해서입니다. 현재 아파트는 우리나라의 대표적인 주거 공간으로 아파트 단지가 동네를 나누는 기준이 되기도 하지만, 1970년대까지만 해도 아파트는 그리 흔히 볼 수 없었죠.

1970~1980년대 급속한 경제성장과 맞물려 철거 재개발을 통해 대규모 아파트 단지 건설 붐이 일어나면서 젠트리피케이션이 처음 나타났습니다. 앞에서 말한 패터슨의 젠트리피케이션 4단계 중 1-2 단계를 건너뛰고 3단계부터 진행된 셈인데, 말하자면 1단계의 '선구자 젠트리파이어'의 역할을 공공 주도의 개발이 대신한 것입니다. 그러다 보니 노후화된 주거지에 선구적 젠트리파이어가 비집고 들어갈 틈이 없었던 거죠. 이러한 슈퍼 젠트리피케이션은 우리나라를 포함한 동아시아 지역에서 많이 나타났습니다.

하지만 2008년 세계를 덮친 경기 침체와 함께 부동산투자에 대한 인기가 시들해졌고, 시민의 권리에 대한 인식이 확산되면서 권력과 자본을 앞세운 폭력적인 재개발에 대한 반대여론이 공론화되었습니다. 부동산투자에 대한 기대 하락과 주민들의 반대와 갈등으로 인해서 대규모 주택단지 개발이 주춤하는 사이에 노후화된 주거지에는 소수의 젠트리파이어들이 이주할 기회가 생겼죠. 그 결과 2000년대 중반부터 2010년대 초반 몇몇 예술가들이 이주하면서 가로수길, 경리단길, 창신동, 성수동 등 여러 지역에서 동시다발적으로 젠트리피케이션이 일어나 소위 뜨는 동네가 된 것입니다.

그러나 이러한 동네들의 부동산 가치가 크게 상승함으로써 임대료에 대한 부담이 커지자 대규모 자본을 가진 프랜차이즈 업체들이 그 자리를 대신하고, 원주민과 개척자 젠트리파이어들은 이곳을 떠나게 되는 고전적인 젠트리피케이션의 문제점을 여실히 보여주고 있습니다. 우리나라에 이러한 젠트리피케이션의 문제가 나타나기 시작한 2010년부터 본격적으로 젠트리피케이션이라는 단어가 주목을 받기 시작했습니다.

젠트리피케이션 보도 건수

연도	2004	2005	2006	2007	2008	2009
건수	2	0	1	1	1	0

연도	2010	2011	2012	2013	2014	2015
건수	1	6	16	20	45	813

※자료: 최병두 외, 《도시재생과 젠트리피케이션》, 한울아카데미, 2018, 72쪽

언론에서 자주 보도되던 젠트리피케이션에 많은 사람들의 관심을 가지게 되면서 2016년 3월 국립국어원에서는 둥지 내몰림이라는 우리말 표현을 발표하였습니다. 우리말 표현은 젠트리피케이션의 문제점을 잘 보여주는 것 같습니다.

둥지 내몰림

구도심이 번성해서 중산층 이상의 사람들이 몰리면서 임대료가 오르고 원주민이 내몰리는 현상

• 봉제공장 창신동의 젠트리피케이션

서울시 종로구 창신동은 원래 동대문 시장에서 판매되는 의류를 제작하는 봉제공장이 있던 곳으로 낡은 작업 공간들이 줄지어 들어서 있었습니다. 하지만 지속적인 임금 상승과 동남아시아에서 몰려오는 값싼 수입품의 공세로 인해 가격 경쟁력이 약해지면서 이 지역은 위기를 맞았고, 봉제공장들은 하나 둘씩 떠나게 되었죠.

그런데 공장이 문을 닫고 황폐해진 공간에 젊은 예술가들이 들어오기 시작했습니다. 비어 있던 봉제공장 자리에 카페, 도서관, 문화예술 교육장 등이 들어서면서 새로운 문화 공간으로 변신하였고 이색적인 볼거리를 찾는 사람들이 모여들면서 새로운 상권이 형성되

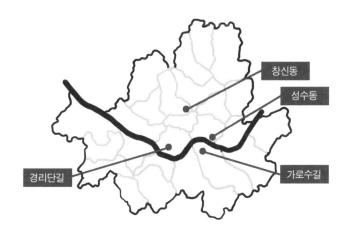

서울에서 젠트리피케이션이 일어나는 곳
젠트리피케이션이 일어나면 상승한 임대료 등을 감당하지 못해서 정작 지역의 부동산 가치를 높인 당사자들은 동네를 떠날 수밖에 없는 일이 생기기도 합니다.

었죠. 젊은 예술가들이 만든 '000간'(공공공간)은 창신동 주민과 함께 지역에서 생산된 제품을 판매하고 주민의 삶의 질을 높이기 위한 사업을 진행하고 있습니다.

• 수제화 전문단지 성수동의 젠트리피케이션
서울시 성동구 성수동은 오래전부터 수제화 특화 산업단지가 조성될 만큼 신발을 만드는 공장들이 모여 있는 곳으로 유명합니다. 이곳은 1990년대까지는 호황을 누렸지만, 2000년대 들어서면서 저렴한 수입품의 공세에 가격 경쟁력이 떨어지면서 쇠퇴의 길을 걷게 되었습니다.

공장들이 하나둘 문을 닫았고, 흉물스럽게 버려진 노후화된 건물들이 늘어나면서 지역은 점점 황폐해졌고, 주민들의 불만도 높아졌죠. 지역을 다시 살리기 위해 여러 가지로 노력한 끝에 창고 건물을 활용하여 광고나 드라마 촬영이 이루어졌습니다. 그런데 이것이 유명세를 탔고, 카페와 공방이 들어서면서 한국의 브루클린이라 불릴 만큼 큰 인기를 끌게 됩니다. 하지만 이러한 인기는 결국 임대료 상승을 불러왔죠. 이로 인해 영세 세입자가 지역을 떠나야 하는 젠트리피케이션 문제를 야기하고 말았습니다. 하지만 성동구는 젠트리피케이션 방지를 위한 연구를 진행하고, 다양한 정책들을 통해서 문제를 해결하기 위해 노력하고 있습니다. 그리고 최근에는 공공의 이익을 추구하는 사회적 기업들이 이곳에 자리를 잡고 새로운 가치를 창출하고 있다고 합니다.

성수동에서 새로운 가치를 창출하는 젠트리파이어 'S*Planet'

아프리카의 지속가능한 교육 사업을 위해 교사를 육성하는 비영리단체 'HoE'
와 우간다 아이들에게 가방을 기부하는 사업을 하는 'Jerrybag'이 함께 만든 커
뮤니티 공간 'S*Planet'

창의적이고 도전적인 공간인 성수동에 2019년 6월 12일 새로운 가
치를 추구하는 공간이 문을 열었다. 바로 'S-Planet'이다. 아프리카
아이들에게 더 나은 교육의 기회를 제공하고자 아프리카 교사 교육
을 위해 만들어진 교육전문 NGO인 '호이(HoE: Hope is Education)'
와 아프리카 우간다의 여성들이 직접 만든 가방을 판매하고 하나를
판매하면 아프리카 아이들에게 가방 하나를 기부하는 사회적 기업
'제리백(Jerrybag)'이 힘을 합쳐 지속가능한 삶을 위한 커뮤니티 공
간을 만들었다. S-Planet의 S는 Story(이야기), Sustainable(지속가능
한), Social(사회적) 등의 의미를 가지고 있다고 한다. 이러한 젠트
리파이어(gentrifier)들이 성수동에서 지속가능한 성장을 할 수 있도
록 관심과 지원이 필요하다.

• 화랑 거리 가로수길의 젠트리피케이션

서울시 강남구 신사동의 가로수길은 원래 화랑(畵廊)의 거리로 유명했던 곳입니다. 1980년대 인사동에서 이주한 화랑들이 속속 들어오면서 활기를 띠었지만, 1997년 외환위기 이후 화랑들이 침체기를 겪으며 빈 건물들이 늘어나기 시작했죠. 바로 그 자리에 카페나 패션디자인 관련 업종, 영화사 등이 들어오면서 새로운 핫 플레이스로 떠오른 것입니다. 하지만 이러한 인기로 인해 2010년 이후에는 대형 프랜차이즈 상점들이 밀려왔고, 자본력이 부족한 영세 상인들은 속속 자리를 떠나면서 가로수길만의 개성은 점차 사라지고 있습니다. 처음에 자리를 잡았던 개성 있는 젊은 상인들이 임대료 상승을 견디지 못해 떠날 수밖에 없었기 때문입니다.

• 이국적인 경리단길의 젠트리피케이션

서울시 용산구 이태원의 경리단길은 국군재정관리단 정문 뒤로 이어지는 골목길로 미군부대 주변이라는 특성 때문에 원래는 한산하고 임대료도 높지 않았습니다. 2000년에 들어서야 낮은 임대료라는 장점 때문에 개성 있는 소규모 상점과 음식점들이 하나둘씩 들어섰죠. 그리고 한 예능 프로그램에 소개되면서 경리단길은 이국적이고 개성 있는 문화의 거리로 알려져 젊은이들의 발길이 끊이지 않게 되었습니다. 자연스레 임대료가 상승하면서 초기 개척자들은 이 지역을 떠났고, 그 자리는 대형 자본을 앞세운 상점들이 차지하면서 젠트리피케이션의 문제점을 여실히 보여주고 있습니다.

브루클린

브루클린 지도와 거리 벽화
이스트강을 사이에 두고 맨해튼과 마주한 브루클린은 과거 가난한 예술가들에 의해 문화의 공간으로 재탄생했지만, 지금 그들은 거기에 없다.

브루클린(Brooklyn)은 뉴욕시에서 이스트 강을 사이에 두고 맨해튼과 마주한 자치구이다. 1990년대까지 이곳은 유색인종의 노동자들이 노후화된 주택에 거주하였고, 흉악한 범죄가 빈번하게 일어나는 대표적인 슬럼가였다. 유명 갤러리와 고급문화의 상징인 맨해튼과 강을 사이에 두고 있는 브루클린은 가난한 예술가들에게 매력적인 공간이었다. 이들이 모여들어 작업 공간을 만들면서 브루클린은 개성 있는 문화의 공간으로 재탄생하게 된다. 하지만 이러한 변화를 투자의 가치로 인식한 부동산업자 등의 자본가들은 노후화된 건물을 사들이고 리모델링을 하여 중상류층들에게 판매했다. 가난한 예술가들과 원주민들은 치솟은 임대료를 감당하지 못하고, 결국 이곳을 떠났게 되었다. 지금의 브루클린은 낡은 집들이 예스런 멋과 독특한 개성을 가진 공간으로 변화되고, 백인들이 그 자리를 대신하고 있지만, 그곳을 만든 사람들은 이미 그곳에 없다.

우리는 어떤 시각으로
젠트리피케이션을 바라볼 것인가?

지금까지 우리는 젠트리피케이션의 정의와 이루어지는 과정, 주도하는 사람들 그리고 다양한 실제 사례들까지 살펴보았습니다. 개중에는 여러분이 직접 방문해본 곳들도 있을 거라고 짐작합니다. 그렇다면 젠트리피케이션은 지역에 어떤 영향을 미칠까요? 모든 일에는 빛과 그림자가 함께 존재하듯이, 젠트리피케이션도 마찬가지입니다.

젠트리피케이션, 긍정과 부정 사이

젠트리피케이션은 구도심의 낙후된 지역을 새롭게 창조하여 지역

경제를 활성화시키는 것이기 때문에 일단 긍정적인 시선으로 볼 수 있습니다. 1970~1980년대 미국의 도시 재생사업 과정에서 도시인에게 더 나은 환경을 제공하는 운동으로 인식하였고, 젠트리피케이션은 재생, 개선, 재활 같은 단어와 함께 긍정적인 의미로 사용되었죠.

우리나라도 낙후된 지역을 재개발하기 위해 젠트리피케이션을 정책적으로 장려하는 지역이 많습니다. 왜냐하면 이를 통해서 기존 저소득층 거주지의 범죄율 감소, 낙후·불량지구의 안정화, 주택 공실률 감소, 지역 세수 증대, 임대료 상승, 지역의 발전가능성 증대, 교외지역의 무질서한 확산 예방 등 다양한 긍정적 효과를 기대할 수 있기 때문이죠. 다만 이것은 대체로 젠트리피케이션으로 인해서 낙후된 공간이 재탄생하는 외형적인 변화에 대한 평가 결과라고 보아야 할 것입니다.

한편 젠트리피케이션으로 인해 생겨나는 문제점도 분명히 존재합니다. 앞에서 여러 차례 지적했듯이 뭐니 뭐니 해도 가장 큰 문제점은 원래 거주하던 주민들이 삶의 터전을 떠나야 하는 문제입니다. 특히 저소득층은 지역이 고급화되면 저소득층의 소득 수준으로는 주택을 구입하거나 임대하기 힘들어집니다. 결국 임대료가 저렴한 다른 지역을 찾아서 떠나야 하는데, 마땅히 거처할 곳조차 찾지 못하는 경우도 많습니다. 이들에게 젠트리피케이션은 생존의 문제로 이어지게 되죠.

그리고 상업 젠트리피케이션이 개발자에 의해 진행되다 보면 지역 고유의 개성이 사라지기 쉽습니다. 개척자들에 의해 자발적으로 독특한 문화 공간이 만들어졌지만, 임대료가 상승하면서 개척자들은 떠나가고, 어디서나 흔히 볼 수 있는 익숙한 대기업의 상점들로 대체되면서 그 지역만의 개성을 말살시키게 됩니다. 이를 **문화 백화현상**(cultural whitening)이라고 합니다. 개성을 잃은 지역은 원래의 매력도 상실하게 되죠.

어떤 곳이 사람들에게 매력적인 장소로 인식되기 위해서는 그만큼 다양한 문화 콘텐츠가 중요합니다. 이에 지역의 상권을 살리고자 하는 지자체는 예술가와 소상공인들을 보호하여 지역만의 개성 있는 문화를 유지시키기 위한 정책을 펼치기도 합니다.

사상가들에게 젠트리피케이션을 질문한다면?

현대사회에 나타나는 다양한 문제들을 과거 현인들에게 묻는다면 어떤 해법을 제시할지 혹시 상상해본 적이 있나요? 유명한 사상가들에게 오늘날의 젠트리피케이션에 관해서 질문한다면 그들은 과연 어떻게 대답할까요? 그들의 눈을 통해 젠트리피케이션을 바라보면서 앞으로 우리는 어떤 시각을 가질 것인지에 관해 생각해보는 것도 재미있을 것 같습니다.

• 애덤 스미스의 '보이지 않는 손'으로 보는 시각
젠트리피케이션 문제를 해결하기 위한 정부의 개입을 반대하는 사람들은 애덤 스미스(Adam Smith)의 보이지 않는 손을 가장 많이 언급합니다. 말하자면 '보이지 않는 손'에 의해 시장의 질서가 자연스럽게 형성되는 것인데, 정부가 시장에 개입한다면 자유로운 시장경제를 악화시키고 말 거라는 주장이죠. 하지만 애덤 스미스가 말한 시장의 자유는 '정부와 상인이 결탁한 독점체제에 대한 자유'와 '갑의 횡포를 없애 을도 자유롭게 참여할 수 있도록 한 것'입니다. 즉 경제적 강자가 아닌 약자를 위한 자유를 의미합니다.

초기 개척자가 낙후된 공간을 새로운 문화 공간으로 만들면서 기존 공간의 가치를 상승시켰습니다. 하지만 우리나라 법에는 이런 가치 상승에 대한 대가를 개척자가 아닌 건물주가 갖게 되어 있습니다. 개척자는 권리금이라고 불리는 영업권을 통해 상승한 공간 가치를 일부 보상받을 수 있을 뿐이죠.

권리금은 상가 세입자가 기여한 건물의 시장 가치 상승분에 대한 보상이자 재산에 대한 권리인데 영국, 프랑스, 일본에서는 이러한 영업권에 대한 보상을 법적으로 보장하고 있습니다. 하지만 우리나라의 경우 젠트리피케이션이 서구와 달리 워낙 빠르게 진행되다 보니 「상가건물 임대차보호법」의 법률 체계가 제대로 갖춰지지 못한 상태입니다. 그 결과 건물주의 재산권은 보호받고 있지만, 그에 비해 세입자의 영업권은 제대로 보호받지 못하는 실정이죠. 이로 인해 초기 개척자인 세입자가 정당한 보상도 받지 못한 채 쫓겨나는 일이 빈번하게 일어나고 있습니다.

정부가 개입하여 「상가건물 임대차보호법」에서 영업권에 대한 권리를 구체화하는 것에 대해서 아마도 애덤 스미스는 자유롭고 공정한 경쟁을 위해 필요한 조처라고 주장할 것입니다. 여러분은 애덤 스미스의 이러한 시각에 동의하나요?

• 벤담의 '공리주의'로 보는 시각

젠트리피케이션으로 인해 나타나는 문제의 가장 큰 핵심은 건물주의 권리와 세입자의 권리가 상충되는 문제를 어떻게 해결할 것인가에 있습니다. 이러한 딜레마적 상황에서 과연 어떤 판단이 옳은지를 판단하는 기준이 바로 정의(定義)입니다.

제러미 벤담(Jermy Bentham)은 최대 다수의 최대 행복, 즉 최대행복의 원리에 입각한 공리주의를 주장했습니다. 이 주장의 핵심은 어떤 행위의 결과에서 얻는 이익의 총합이 비용의 총합보다 크다면 그 판단은 정의롭다는 데 있습니다.

대부분의 정부 정책은 이 공리주의에 기반하여 법을 만들고 정책을 진행하게 되죠. 공리주의의 입장에서 보면 젠트리피케이션을 통해 지역이 고급화되어 재산 가치가 상승하는 이익이 일부 쫓겨나는 세입자의 피해보다 크다면 정당하다는 주장을 펼칠 수 있습니다. 하지만 건물의 가치 상승이 세입자를 떠나게 하고, 임대료 상승을 메우기 위해 물건 값을 올리거나 임금을 삭감하는 문제가 발생한다면 이는 일부 건물주에게만 이익일 뿐 대다수의 세입자와 이용자들에게 불이익을 가져온다고 주장할 수도 있을 것입니다. 여러분은 어떻게 해석하겠습니까?

• 노직의 '무정부주의'로 보는 시각

미국의 철학자 로버트 노직(Robert Nozick)은 정부가 사람들의 폭력과 절도, 사기를 보호하는 제한적 기능만을 수행해야 한다는 최소정부를 주장했습니다. 즉 "부당하게 얻은 자원으로 시작하지 않는 한 자유시장을 통한 분배의 결과는 정당하다."라고 본 거죠.

이 주장에 따르면 젠트리피케이션으로 얻은 건물주의 이익은 폭력과 사기에 의한 계약의 결과가 아니므로 그들의 권리는 정당하다고 주장할 수 있습니다. 하지만 상가 세입자의 영업권을 보장해주지 못한 우리나라의 젠트리피케이션은 부당하다고 볼 수 있죠. 영업권은 눈에 보이지는 않지만 하나의 재산으로 인정되며 이를 인정하지 않는 것은 부당하게 얻은 자원에 해당하므로 정의롭지 못하다고 주장할 수도 있습니다. 여러분은 어떻게 생각하나요?

어떤 장소든 간에 사람들이 매력을 느끼며 모여들면 자연스럽게 경제가 활성화됩니다. 하지만 매력적인 장소로 탈바꿈하게 만든 장본인들은 정작 경제적 이득에서 소외되는 경우가 발생하곤 하죠. 때로는 아예 그 장소에서 쫓겨나기도 합니다. 하지만 그들이 떠나간 자리가 개성을 상실한 뻔한 공간으로 바뀌면 사람들은 더 이상 그곳에 매력을 느끼지 못할 것이고 점차 발길이 뜸해질 것입니다. 그렇게 되면 그곳의 경제적 가치는 다시 떨어지겠죠. 그렇다면 그곳의 가치를 다시 올려줄 누군가가 새롭게 등장하게 될까요? 지리의 매력과 경제 사이의 상호관계는 참으로 기묘한 것 같습니다.

지리와 경제를 이야기하다가 갑자기 신과 종교 이야기가 튀어나와서 조금 당황했을지도 모르겠습니다. 하지만 종교는 지리 그리고 경제와 아주 밀접한 관계가 있습니다. 왜냐하면 특정 지역을 중심으로 발달한 종교는 지역적 특성을 민감하게 반영하는 경향이 있기 때문 이죠. 특히 종교와 지리의 상호관계를 잘 살펴보면 세계 경제가 어떻게 발전해왔는지, 경제 패권의 흐름 또한 파악해볼 수 있습니다. 역사적으로 볼 때, 세계 경제를 좌우한 패권세력의 중심에는 항상 종교가 존재했죠. 그래서 이번 장에서는 종교와 경제에 관해서 한번 살펴보려고 합니다.

CHAPTER 02

경제논리와
종교윤리의 상관관계

"신은 누구에게 부를 허락했나?"

동서양 경제발전의 차이는
종교 때문이다?

세계 경제를 이끄는 국가 그룹으로는 G7이나 G20 등이 자주 거론됩니다. 특히 세계 경제에 막대한 영향력을 미치는 G7 국가들을 보면 일본을 제외한 나머지 6개 국가가 서양의 국가들이죠. 단순히 이러한 사실만으로 동양과 서양의 경제발전을 비교할 순 없지만 크리스트교 비율이 높은 서양이 불교 비율이 높은 동양보다 앞서 있다는 것은 부정할 수 없을 것입니다.

그렇다고 G7에 속한 서구 국가의 종교가 모두 똑같은 것은 아닙니다. 좀 더 자세히 들여다보면 미국, 영국, 캐나다, 독일은 개신교 국가이고, 프랑스와 이탈리아는 가톨릭교 국가입니다. 이들 중 특히 개신교 국가들은 2차 세계대전 이후 세계 경제의 주도권을 장악했고 현재에까지 이르고 있습니다. 이곳에서는 몇몇 학자들의 이론

G7 국가

G7은 세계 경제를 선도하는 7개국을 의미하는데, 일본을 빼면 모두 서양 국가입니다.

을 토대로 동서양의 경제발전을 종교적으로 접근해보려고 합니다. 다만 이 연구 이론들을 서양의 학자들이 주도했다는 점에서 서양중심주의적 시각이 반영되었다는 점을 미리 밝혀두고자 합니다.

부자 나라와 종교 사이의 상관관계

경제 선진국들 대부분이 개신교 국가들이라는 것은 단순한 우연으로 봐야 할까요? 아니면 경제성장과 종교는 논리적으로 설득할 만한 관련성이 있는 걸까요?

경제발전의 주요 지표인 1인당 국내총생산(GDP per capita) 지도(48쪽 참고)를 살펴보면 앵글로아메리카, 유럽, 오세아니아는 높게 나타난 반면 아시아, 라틴아메리카, 아프리카 지역은 낮게 나타납니다. 크리스트교 신자가 많은 서양이 불교 신자가 많은 동양보다 경제발전 수준이 높다는 것을 확인할 수 있죠. 크리스트교 국가 중에서도 개신교와 가톨릭교 간의 경제발전도 차이가 있습니다. 즉 개신교 신자가 많은 북서유럽, 앵글로아메리카가 가톨릭 신자가 많은 남부유럽, 라틴아메리카보다 경제 수준이 더 높게 나타납니다.

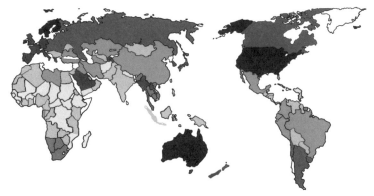

※자료: How Much, "Visualizing Citizen's Prosperity in Every Country in the World 2018."

2018년 1인당 국민총생산(GDP)

■ 100,000달러 이상	■ 10,000~19,900달러	☐ 1,000달러 이하
■ 50,000~99,900달러	■ 5,000~9,900달러	☐ 자료 없음
■ 20,000~49,900달러	☐ 1,000~4,900달러	

1인당 GDP 세계지도
지도를 보면 크리스트교, 특히 개신교 신자가 많은 지역의 GDP가 높다는 것이 확연히 드러납니다.

경제발전과 종교의 연관성에 대한 연구는 2차 세계대전 이후부터 본격화되었습니다. 연구자들은 경제성장의 요인 중 문화적 요소의 하나로 종교에 깊은 관심을 가졌죠. 특히 막스 베버(Max Weber)는 《프로테스탄티즘의 윤리와 자본주의 정신》이라는 책에서 종교개혁을 통해 등장한 개신교는 직업을 신의 소명으로 받아들이고, 근면과 금욕의 실천을 통한 합리적인 이윤 추구를 가능하게 하였다고 주장했습니다. 또한 베버는 중국을 포함한 동아시아에서는 유교의 영향으로 자본주의가 출현할 수 없다고 주장했죠. 왜냐하면 유교의 이상향인 군자는 직업으로서의 위치보다 완성된 인간상의 모습에 가깝고, 유교 사회는 상공업과 과학기술 등을 천시하며 중요하게 다루지 않기 때문입니다. 특히 유교에서 강조하는 공동체주의는 개인의 합리적 경제활동을 강조하는 자본주의 정신에 배척된다고 말하며 동아시아에서 자본주의가 일찍 발달하지 못한 이유를 종교적인 측면에서 분석하였습니다.

자본주의를 대하는 크리스트교의 두 얼굴

가톨릭교는 노동을 '죄'에 대한 신의 '징벌'로 보았습니다. 즉 아담이 신의 지시를 어기고 금단의 열매를 먹은 죄에 대한 대가로 낙원에서 쫓겨나 노동을 하게 된 것이기 때문에 노동을 부정적인 것으로 인식한 것입니다. 하지만 개신교는 이와 전혀 다르게 해석했습니다. 노동을 신앙의 증거로 여기며 중시했으니까요.

칼뱅은 종교개혁을 주도할 때, 노동은 신이 인간에게 주신 사명이므로, 근면하게 일하는 것이야말로 신앙심의 증거라고 주장했습니다. 따라서 노동의 대가로 얻게 되는 '부'의 축적 또한 정당하다고 보았죠.

사실 이와 같은 주장은 당시로서는 파격에 가까웠습니다. 왜냐하면 이전까지 가톨릭교는 노동을 죄의 대가로만 생각해온 탓에 노동의 결과로 '부'를 쌓는 행위 자체에 대해서도 부정적으로 생각해왔으니까요. 칼뱅의 개신교가 열심히 일을 해서 부를 축적하는 것이야말로 신앙의 증거라고 말한 것은 결과적으로 활발한 경제활동의 기틀을 마련했다고 할 수 있습니다.

부의 축적을 인정하며 자연스럽게 금융업이 발달하게 되었습니다. 구약성서를 근거로 이자를 받는 것을 금기시하여 금융업을 배척하던 가톨릭교와 달리 개신교는 금융업도 엄연한 노동의 하나로 받아들였죠. 이러한 사상은 도시민들과 상공업자들 사이에서 크게 환영받았고, 개신교가 빠르게 퍼져 나가는 원동력이 되기도 했죠. 아울러 봉건사회에서 근대 시민사회로 넘어가는 계기가 되었습니다. 경제적인 성공을 신앙의 증거로 인정한 이 가치관은 장차 자본주의를 만들고 발전시키는 정신적 기반이 되었습니다.

자본주의가 무색해지는 불교의 이념과 세계관

200년 전 경제발전이 시작된 서구에 비해서 소승불교의 영향을 받은 미얀마, 라오스, 캄보디아, 스리랑카, 태국 등 소승불교 국가의 경제발전 정도는 매우 낮은 편입니다.

아델만과 모리스(Adelman & Morris)는 종교에 따라 경제성장 잠재력을 알아보는 연구를 진행하며 기독교 및 유대교 인구 비중이 높은 A그룹, 이슬람교 인구 비중이 높은 B그룹, 불교 및 힌두교 인구 비중이 높은 C그룹으로 나누었습니다. 그 결과 A그룹이 가장 경제성장 잠재력이 높고, C그룹이 가장 낮다는 결과를 얻어냈죠. C그룹에 속한 대부분의 국가가 불교를 믿습니다. 이 연구에 따르면 불교가 경제성장의 걸림돌이 된 셈입니다.

물론 예외도 있습니다. 대승불교의 영향을 받은 한국, 중국, 일본은 높은 경제발전을 이루었으니까요. 하지만 이들 국가들은 불교보다 유교의 영향을 더 많이 받은 국가들이라고 볼 수 있습니다. 게다가 유교의 경우 종교단체의 조직화가 되지 않아 종교인구로 집계되지 않기 때문에 현재 그 영향력을 정확히 평가하기가 어렵습니다. 중국은 1949년부터 1978년까지 사회주의 이념 때문에 종교가 탄압을 받아 불교의 영향이 그리 크지는 않습니다. 일본은 불교와 유교의 영향을 받았지만 주된 종교는 신도(神道)입니다. 따라서 불교의 영향력을 설명할 수 있는 지역은 소승불교의 영향을 받은 동남아시아 국가가 가장 적합하다고 할 수 있죠.

그렇다면 불교를 믿는 국가는 왜 경제발전이 어려운 걸까요? 미국 웹스터대학교 힙서(Scott A. Hipsher) 박사의 연구에서 소승불교 국가인 캄보디아, 라오스, 미얀마는 정치적·경제적 성숙이 매우 낮은 국가인데, 이는 종교의 영향이 크다고 보았습니다. 이들 국가는 부처와 성인 신령에게 기도하면서 복을 빌고, 고통은 욕망에서 오기 때문에 욕망을 제거해야만 고통에서 벗어날 수 있다고 가르칩니다. 하지만 이러한 가르침으로는 자본주의의 치열한 경쟁 환경에서 도저히 살아남기 힘들기 때문에 자본주의 경제성장이 받아들여질 수 없었다고 주장한 것입니다.

실제로 소승불교 국가들 중 상대적으로 경제 수준이 높은 태국의 경우도 상업에 대해서 욕망을 탐하는 죄악 행위로 간주하여 상업 종사자를 다소 저급하게 생각하는 경향이 있습니다. 그래서 대부분의 경제활동은 중국에서 이주해온 화교들이 담당하고 있으며 불교를 믿는 사람들은 상업활동을 중요하게 여기지 않았다고 힙서 박사는 언급했습니다.

물론 동남아시아 지역의 경제 수준이 낮은 이유가 비단 종교만의 문제는 아닐 것입니다. 자연적 조건과 인적 자원, 기술 수준 등 여러 가지 이유를 꼽을 수 있습니다. 그럼에도 그중 불교의 교리가 큰 영향을 주었을 것이라는 주장을 살펴보면 다음과 같습니다.

첫째, 불교의 업보 사상입니다. 불교에서는 현재 내가 가진 업보를 과거의 업의 결과로 받아들이는 숙명론적 사고가 강하죠. 현재의 삶을 충실히 살아야 미래를 개선시킬 수 있다는 생각도 강하지만, 현재의 삶을 과거의 업보로 여기는 경향이 훨씬 더 강합니다. 그렇기 때문에 현재의 삶을 위해서 최선을 다한다기보다는 다음 세상, 즉 내세(來世)의 삶을 위해 현재를 열심히 사는 것입니다. 현재의 삶은 어차피 전생의 업에 의해 결정되었다고 판단하기 때문에 현세 지향적인 삶을 강조하지 않는 거죠.

둘째, 연기설[1]과 무아[2]의 사상입니다. 세계는 끊임없이 변하고 미래는 불확실합니다. 따라서 불확실한 미래에 대해 뭔가 계획을 세

....
1. 불가의 우주론(만물의 본질론)으로 "모든 존재는 이것이 생(生)하면 저것이 생(生)하고, 이것이 멸(滅)하면 저것이 멸(滅)한다."는 만물의 인과관계와 상호의존성을 강조한다.
2. 영구불변의 실체(實體)를 부정하는 불교의 근본사상

운다는 것은 무의미하며, 심지어 불가능하다고 믿는 거죠. 그 결과 체계적이고 장기적인 계획보다는 임기응변하는 경향이 강하게 나타납니다.

셋째, 중도 사상입니다. 경제적 성공에 대한 극단적 추구와 나태를 기피하고, 열반에 도달하는 것도 오랜 시간 동안 점진적으로 접근하는 것을 추구합니다. 이러한 것은 속도를 강조하는 성취 지향적인 자본주의가 추구하는 방식과는 한참 거리가 있습니다. 이러한 면을 종합해볼 때, 불교 사회의 성취동기는 서양이나 동아시아보다 낮으며 효율성이 낮아 자본주의가 정착하기 힘들었을 것으로 보는 것입니다.

그렇다고 불교가 부정적인 영향을 미친 것만은 아닙니다. 한편으로는 불교의 이러한 문화가 좋은 인간관계를 맺고, 일에 대한 내적 흥미를 강조하여 업무의 능률을 올릴 수 있으며, 고용기회의 확대와 빈곤층 문제해결에 기여할 수 있다는 장점도 있으니까요.

수익도 손실도 공동으로 책임지는
이슬람교의 경제관

크리스트교, 불교와 함께 세계 3대 보편종교의 하나인 이슬람교는 경제행위를 통해서 부를 축적하는 것 자체는 허용하고 있습니다. 하지만 그 부는 어디까지나 '알라'가 잠시 인간에게 맡겨둔 것일 뿐, 어느 한 개인의 독점적 재산으로 생각하지 않습니다.

이자를 받지 않는 이슬람의 은행

이슬람교의 교리에 따르면 누군가의 노동력을 착취하거나 다른 사람에게 해를 입히면서까지 돈을 버는 행위는 정당하지 못하다고 인식합니다. 아울러 토지와 자연물의 지나친 사유화도 금기시하죠.

이러한 종교적 관점을 잘 보여주는 것이 바로 이슬람 은행의 수익 구조입니다. 무함마드는 "남에게 채무를 진 자는 그 빚을 갚아야 하고, 이자는 받지도 주지도 말라."고 경제의 원칙에 대해 연설했습니다. 빌려준 원금에 대한 이자를 코란에서는 '리바'라고 표현하는데 이를 금기시한 거죠. 모든 이자는 마치 고리대금처럼 채무자에게 경제적 짐이 되기 때문에 이자를 고리대금과 다르지 않다고 본 것입니다. 이슬람교에서는 가진 자가 더 많은 경제적 부를 축적하기 위해서 지나치게 높은 이자를 요구하여 서민들을 힘들게 하는 고리대금업은 아무런 노동 없이 이익을 취하는 것, 가난한 사람들을 더욱 가난하게 만드는 것이라는 이유로 허용하지 않습니다.

이러한 전통을 받아들이고 있는 대부분의 이슬람 은행에는 이자가 없습니다. 하지만 앞에서 말했듯이 이슬람은 경제행위를 통해서 부를 축적하는 것은 허용합니다. 즉 이윤을 추구하는 것이 죄악은 아니라는 뜻이죠. 그렇다면 이슬람의 은행들은 어떻게 이자 없이 이윤을 추구할 수 있는 걸까요?

이슬람 은행은 예금자들이 맡긴 돈을 기업에 투자하고 그 수익을 배당금 형태로 예금자들에게 돌려주는 방식을 취합니다. 투자에 따른 수익은 이슬람의 전통에 위배되지 않는다고 보기 때문이죠. 다만 은행의 이러한 투자에도 제한이 있습니다. 예컨대 이슬람에서 금기하는 술, 담배, 마약 등의 사업에는 투자할 수 없죠. 투자 가능 여부는 '샤리아 보드'라는 이슬람 법학자 조직이 엄격하게 심사한다고 합니다. 때로는 투자 손실을 볼 수도 있지만, 대부분의 이슬람 은행들은 건실한 기업에 투자를 하고 수익을 얻기 때문에 오히려 다른 은행의 이자보다 높은 배당금을 받게 되죠. 이러한 이유로 이슬람 은행에는 돈이 계속 흘러들어온다고 합니다.

이슬람교는 자본가와 노동자 양쪽 모두 손해를 보지 않는 경제구조를 지향합니다. 고정적인 이율에 따라 무조건 이자를 주는 것은 사업이 망하더라도 자본만 항상 이익을 보는 것을 의미하고, 사업을 통한 수익만 중시하면 자본가는 불이익을 받을 수도 있다는 것을 의미합니다. 하지만 이슬람의 율법은 이렇게 누군가에게는 손해가 되고, 누군가에게는 이익이 되는 상황을 만드는 것이 아니라 이익에 대한 수익과 손실의 부담을 공동으로 책임지는 것을 추구합니다. 어쩌면 이러한 이슬람의 금융 원칙은 오늘날 자본주의의 시장경제가 '돈이 돈을 낳는 오직 가진 자들을 위한 경제'라는 문제를 극복할 수 있는 해결책이 될 수도 있지 않을까요?

세계로 뻗어가는 할랄 산업

세상에는 다양한 종교가 존재합니다. 또한 종교에 따라서 금기하는 음식들이 있기도 하죠. 예컨대 유대교에서는 오징어와 문어처럼 비늘과 지느러미가 없는 물고기를 먹는 것을 금기시합니다. 또한 익히 잘 알려진 것처럼 힌두교에서는 소고기를 먹는 것을 금기시하

무함마드는 상인의 아들

이슬람교의 창시자인 무함마드는 쿠라이시 부족으로 570년경 메카에서 태어났다. 메카는 상업과 종교의 중심지였으며, 쿠라이시 부족은 아랍의 명문 상업가 집안이었다. 무함마드도 대상(隊商)에 동행하면서 상업활동에 깊이 관여했다. 이러한 영향으로 인해 무함마드는 코란에 상업의 가치를 반영한 것이라고 본다. 코란에는 상인이 갖추어야 할 '계약의 중요성, 성실성, 약속의 중요성' 등을 강조하여 인간관계의 지침으로 제시하고 있다. 사막의 대상들은 이러한 코란의 가르침을 자연스럽게 받아들였으며, 이슬람교를 확산시키는 데도 큰 역할을 하였다. 노동을 징벌로 생각하며 부의 축적을 죄악시한 초창기의 가톨릭교와는 다른 모습을 보이며 이슬람교는 세력을 넓혀갔다.

죠. 이슬람교에서도 금기시하는 음식이 있습니다. 이슬람의 경전 코란에는 이렇게 명시되어 있다고 합니다.

"내가 말씀으로 계시를 받은 것 가운데서 죽은 고기와 피와 돼지 고기와 알라의 이름으로 도살되지 아니한 고기를 먹지 말라."

할랄 푸드

이슬람 율법에서 허용하는 음식은 '할랄', 반대로 금하는 음식은 '하람'이라고 합니다.

코란에서는 이와 같이 모슬렘(Moslem, 무슬림)들이 먹을 수 있는 할랄 음식과 그렇지 않은 하람 음식을 엄격히 구분하고 있습니다. 할랄(halal)이란 아랍어로 '허용된 것'이라는 뜻으로 이슬람 율법에서 허용된 것들을 의미합니다. 반대로 이슬람에서 허용하지 않은 것들을 '하람(Haram)'이라고 합니다.

율법에서 아예 금하고 있는 돼지고기를 제외하면 양고기나 소고기는 이슬람의 율법에 따라 해체된 것에 한해서 식용을 허용합니다. 이슬람 율법에 따라 해체된 고기들은 '할랄 인증'을 받을 수 있는데, 할랄 음식으로 인증을 받으려면 생산에서부터 유통, 가공, 조리되는 모든 과정에서 엄격한 규제를 따라야 하죠.

할랄 도축의 원칙은 우리가 생각하는 것보다 훨씬 더 까다롭습니다. 우선 이슬람교를 믿는 건전한 정신을 소유한 사람이 날카로운 칼로 단번에 고통 없이 목숨을 끊고 피를 모두 빼내야 합니다. 하지만 이것으로 끝이 아닙니다. 이렇게 도축한 고기라도 식재료를 보관할 때 하람 음식과 서로 닿거나 섞이지 않아야 하죠. 또한 하람 음식을 손질한 주방 도구를 할랄 음식을 만들 때 사용하는 것도 절대 허용되지 않습니다.

이러한 방법으로 도축하는 것은 위생적으로 우수하지만, 도축하는 시간이 일반적인 방식에 비해 2배가 더 소요됩니다. 실제로 2009년에는 인도네시아에서 이슬람 율법에 맞게 도축하지 않았다는 이유로 뉴질랜드산 소고기 수입을 금지하기도 했죠.

이렇듯 까다로운 할랄 방식의 도축을 준수하기가 워낙 힘들다 보니 이슬람 국가 이외의 지역에서는 할랄 음식 인증을 받기 위해서 아예 식물성 원료만 사용하는 경우가 많습니다. 예컨대 과자나 라면의 경우 들어가는 돼지기름과 젤라틴을 콩, 옥수수, 우뭇가사리 등으로 대체하여 만드는 식이죠.

2011년 6월, 이슬람 국가에 우리나라 라면이 처음으로 수출되었습니다. 바로 매운맛을 자랑하는 농심의 신라면인데요, 이 라면은 할랄 인증을 받기 위해서 스프에서 동물성 재료를 모두 빼고 오직 콩 단백질로만 만들어서 사우디아라비아, 말레이시아, 아랍에미리트연합(UAE) 등 40여 개 이슬람 국가에 수출하고 있습니다.

또 우리나라 사람들도 즐겨 먹는 초코파이의 경우 달콤한 마시멜로 크림이 제품의 주요 특징이죠. 원래 마시멜로의 원료인 젤라틴은 돼지의 피로 만듭니다. 하지만 이슬람권으로 수출하는 초코파이의 마시멜로는 이슬람 율법에서 금하는 돼지 대신에 소의 피로 만듭니다. 또한 채식을 주로 하는 인도 시장을 공략하기 위해 동물성 젤라틴을 대신하여 해조류인 우뭇가사리를 원료로 마시멜로를 만들어서 수출하고 있습니다.

전문가들은 할랄 음식의 시장 규모가 전 세계 식품시장의 약 20%를 차지할 것이라고 예측합니다. 이슬람 국가들의 인구는 꾸준히 증가하여, 현재 세계 인구의 1/4을 차지하고 있습니다. 이렇게 늘어난 수요에 맞춰 여러 업체들이 할랄 음식 시장으로 뛰어들고 있죠. 특히 말레이시아는 국가가 직접 할랄 제품에 대한 인증을 하고, 투자를 아끼지 않고 있기 때문에 말레이시아 할랄 식품은 이슬람 국가들에게 신용도가 높습니다. 게다가 이러한 할랄 음식은 재료와 생산 과정에서 까다로운 조건을 충족시켜야 하므로 위생이나 품질 면에서 뛰어납니다. 그래서인지 최근 모슬렘이 아닌 일반인들 사이에서도 인기가 높아지고 있으며, 특히 채식을 주로 하는 사람들이 할랄 음식을 많이 찾고 있다고 합니다.

과연 인두세 때문에 개종했을까?

이슬람교가 보편종교로서 자리 잡고, 무려 15억 명에 달하는 모슬렘들이 전 세계에 넓게 분포하게 된 이유는 무엇일까요? 이에 대해

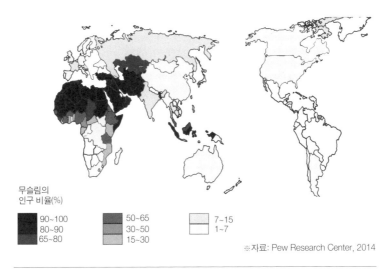

무슬림의
인구 비율(%)

- 90~100
- 80~90
- 65~80
- 50~65
- 30~50
- 15~30
- 7~15
- 1~7

※자료: Pew Research Center, 2014

이슬람교 분포 지도

이슬람 인구는 중동과 북아프리카 등 밀집지역을 제외하고도 전 세계에 걸쳐 널리 분포
하고 있습니다. 그리고 이슬람 인구는 계속 증가하는 추세입니다.

서 일반적으로 정복활동과 인두세[3] 감면이라는 경제정책 때문이라
고 이야기합니다. 하지만 이러한 이야기는 서양의 크리스트교 세력
들의 주장을 무비판적으로 받아들인 것이라며 반박하는 학자들도
있습니다.

크리스트교 세력들은 십자군 전쟁 이후 서양에서 이슬람교가 확
산되어가는 과정을 지켜보면서 이슬람의 문제점을 찾아 집요하게
비판하기 위해 이슬람교에 대한 연구를 진행했죠. 그중 한 사람인
토마스 아퀴나스(Thomas Aquinas, 1225~1274)는 이러한 연구 목적

....
3. 원시적 조세 형태의 하나로 납세 능력의 차이를 고려하지 아니하고 각 개인에게 일률적으로
   매기는 세금을 말함.

을 달성하기 위해 '한손에는 칼, 한손에는 코란'이라는 말을 만들어 이슬람교가 폭력적인 정복활동을 앞세워 세력 확장을 꾀하고 있다고 지적하기도 했습니다. 또한 피정복자들에게 인두세 감면이라는 경제적 유인책을 통해서 어쩔 수 없는 종교 개종을 받아들일 수밖에 없도록 했다는 것입니다.

이슬람이 정복한 유럽과 중동 지역은 그 이전의 크리스트교 세력에 의해서 많은 세금을 헌납하고 있었습니다. 물론 이슬람의 정복자 역시 세금을 걷어 들였지만, 오히려 이전에 비하면 적은 것이었고, 또 강제로 종교를 개종하라고 요구하지도 않았습니다. 따라서 오직 세금 때문에 개종했다는 주장은 설득력이 다소 떨어져 보입니다.

다만 이슬람세력이 정복한 지역의 사람들은 이전보다 나은 경제적 조건에서 살아갈 수 있었으며, 이 과정에서 자연스럽게 기존 종교 대신에 이슬람교로 전향했을 것이라고 주장하는 학자들도 있습니다. 특히 이슬람교로 개종할 경우 인두세를 감면해주는 혜택은 이슬람의 정복자들도 국가 수입이 줄어드는 문제로 이어지므로 오직 세금 감면을 위해 개종하는 것은 금기하거나 엄격한 개종 기준을 제시하기도 했죠. 따라서 이슬람교의 전 세계적 확산이 전쟁을 통한 정복과 인두세 감면의 결과라는 주장은 크리스트교를 위협하는 이슬람교를 견제하려고 서양의 기득권층이 만들어낸 것이라는 의견이 좀 더 설득력을 가집니다.

세계의 금융시장을
장악한 유대인의 비밀

현대 자본주의 사회에서 유대인의 돈은 막강한 힘을 발휘하고 있습니다. 전 세계 돈의 흐름을 쥐락펴락할 만큼 그들의 영향력은 엄청나죠. 하지만 유대인은 역사적으로 아주 오랫동안 천대받은 민족이었습니다. 예컨대 셰익스피어의 희곡 〈베니스의 상인〉에 등장하는 샤일록처럼 피도 눈물도 없이 오직 돈만 밝히는 야비한 고리대금업자라는 프레임이 덧씌워져 있었죠. 사실 많은 유대인들이 고리대금업에 종사한 건 사실이지만, 이는 과거 토지 소유가 인정되지 않았던 그들에게는 어쩔 수 없는 선택이기도 했습니다. 결과적으로는 그 덕분에 오늘날 유대인이 자본주의 사회의 핵심 주축이 될 수 있었던 셈이죠. 여기에서는 유대교와 경제에 관해 좀 더 자세히 살펴봅시다.

탄압과 박해를 피해 세계를 떠돌았던 유대인들

뉴욕 맨해튼의 다이아몬드 거리는 유대인들에 의해 만들어진 거리입니다. 여기에서 거래되는 다이아몬드는 전 세계 거래량의 절반이 넘는다고 합니다. 전통적으로 유대인들은 금, 은, 다이아몬드 등 보석류를 다루는 업종에서 큰 성과를 거두었습니다. 사실 유대인들은 오랜 동안 기독교의 탄압을 받으면서 잦은 추방을 당하다 보니 부동산이나 가축 등 이동이 어려운 재산보다 쉽게 지니고 운반할 수 있는 보석을 자산으로 보유하려는 경향이 강했죠. 이러한 장점을 살려 보석류를 취급하는 업종에서 두각을 나타낸 것입니다.

디아스포라

오늘날 이라크 지역인 메소포타미아에 모여 살던 유대인들은 15세기 무렵 이집트와 팔레스타인으로 이주하였고, 이집트에서 온갖 핍박을 받으며 지내던 이들은 모세를 따라 홍해를 건너 이스라엘로 이주하여 이스라엘 왕국을 세웠다. 하지만 이스라엘 왕국은 오래 가지 못하고 로마제국의 식민지가 되었다가 모두 추방당했고, 결국 세계 각지로 흩어져 살아가게 되었다. 이 유랑의 민족인 유대인을 상징하는 표현이 그리스어로 '흩어 뿌리다'라는 의미의 디아스포라 (Diaspora)이다.

유대인들은 새로운 시장에 진입하는 것을 두려워하지 않습니다. 기존의 기독교인들은 보험, 자동차, 철강 등 대규모로 투자되는 사업에서 기득권을 가지고 진출했지만, 박해와 추방으로 움츠러들어 있던 유대인들은 기독교인들이 진출하지 않은 새로운 시장을 개척할 수밖에 없었죠. 특히 적은 자본으로 발전 가능성이 큰 상업에 창의적인 아이디어를 바탕으로 투자하여 크게 성공한 사례들이 많습니다. 예컨대 세계적인 화장품 브랜드인 에스티로더, 바비인형으로 유명한 마텔 완구사, 구글, 페이스북을 이끈 사람들 모두가 유대인들입니다.

유대인들에게 발상의 전환은 새로운 사업 아이템이 되었습니다. 모두가 성능이 뛰어나고 고급스러운 제품을 선호하지만, 저렴한 가격도 사람들이 선호할 것이라는 아이디어로 성공한 대표적인 기업이 바로 컴퓨터 회사 'DELL'입니다. 최고의 기술과 고급화에 들어가는 비용을 절감함으로써 싸지만 튼튼한 컴퓨터를 생산하는 발상의 전환으로 많은 고객을 확보할 수 있었죠.

유대인을 금융시장의 거물로 키운 천대

여러분도 들어보았겠지만, '월스트리트(Wall street)'는 미국 금융의 중심지이자 세계 금융의 중심지입니다. 그런데 이곳에서 막대한 영향력을 행사하며 우리 언론에도 종종 언급되는 골드만삭스, 솔로몬

브라더스, 리먼브라더스 등의 회사들은 모두 유대인과 관련된 투자 은행입니다.

과거 기독교 국가에서 유대인들은 공직에서 쫓겨났었습니다. 그뿐만 아니라 기독교 교리에서는 이자를 받는 것을 금기시하다 보니 유대인들은 기독교인들이 천시했던 금융업에 종사하는 식으로 차별을 받았던 거죠. 하지만 결과적으로는 이러한 천대 덕분에 오늘날 세계 금융시장의 주인공이 될 수 있었으니 참으로 아이러니합니다.

유대인들이 금융업에서 두각을 나타낸 이유를 유대인의 오랜 유랑 역사로 설명하는 사람도 있습니다. 세계 각지에 흩어져 사는 유대인들은 법적으로 수입의 10%를 팔레스타인 교회에 내야 했는데, 전 세계의 다양한 화폐가 유입되면서 그들에게는 환전과 관련된 일이 중요해졌고, 이것이 결국 금융업 발달로 이어졌다는 주장입니다.

유대인들 중 노벨상 수상자가 유독 많은 것에 대해서도 금융업, 상업 종사자가 많았던 유대인의 역사로 설명하려는 사람도 있습니다. 전체 노벨상 수상자 중 무려 30%가 유대인입니다. 특히 경제학은 40%가 넘고, 물리학은 30%가 넘죠.

전 세계 인구의 겨우 0.2%에 불과한 유대인들이 이토록 뛰어난 업적을 낸 이유에 대해서는 여러 가지 학설이 있는데, 그중 가장 신빙성이 높은 것은 직업 선택설입니다. 유대인들은 10세기를 전후하여 유럽으로 이주하였고, 이때 기독교인들에게 극심한 차별을 받으며 당시에 천한 대접을 받은 직업인 금융업, 상업에 종사했는데, 이러한 일들을 수행하려면 수학적 계산 능력이 필요했고, 업무 능력을 높이기 위해 지능을 계발해야 할 필요성이 점점 높아졌다는 것입니다. 이러한 능력 계발이 결과적으로 뛰어난 업적으로 이어졌다는 주장인 거죠.

할리우드 개척자, 혁신의 아이콘

여러분은 혹시 이런 말을 들어본 적이 있나요?

> "인류의 낮을 밝히는 빛은 하느님이 창조했지만, 밤을 밝히는 빛은 유대인이 만들었다."

이 말은 바로 유대인 에디슨을 두고 하는 말입니다. 여러분도 잘 알고 있는 발명왕 에디슨은 유대인입니다. 알다시피 그는 전구를 발명했고, 전등을 상업화했으며, 전기를 만드는 발전소를 세웠고, 최초의 화력발전소를 뉴욕에 건설하기도 했죠. 이 전기를 이용해서 영화산업을 시작한 것 또한 에디슨입니다. 에디슨은 1889년 영사기를 만들고, 1892년 자신의 발명품인 소리를 저장하는 축음기와 사진을 결합한 카메라를 만들었죠.

최초의 영화 제작소는 뉴저지에 만들어졌고, 뉴욕과 뉴저지를 중심으로 유대인들이 운영하는 극장들이 하나 둘 생겨나기 시작했습니다. 이 극장의 관람료는 5센트로 주로 이민자 중심의 하층민들이 이용하였는데, 영어를 모르는 하층민의 이민자들은 당시 무성 영화의 가장 큰 고객이었다고 합니다. 참, 깜빡 잊을 뻔 했군요. 무성영화 시대의 가장 유명한 배우 찰리 채플린 또한 유대인입니다.

아무튼 에디슨이 영사기를 발명한 이후 미국의 뉴욕과 시카고를 중심으로 한 동부지역에서 영화산업이 크게 발달하였습니다. 영화산업은 막대한 자본금을 가진 'WASP(White, Anglo-Saxon, Protestant)'가 독점적으로 운영했는데, 유대인들은 이러한 독점적 영화산업에 새로운 아이디어를 가지고 뛰어들었죠. 이들은 동부지역을 떠나 미국 서부의 할리우드에 진출하여 영화 제작, 배급, 상영을 모두 관리하는 대형 영화사를 만들고, 마침내 세계 영화시장의 중심에 우뚝 섰습니다.

미국의 8대 메이저 영화 제작사들 중 무려 7개가 유대인과 관련된 회사입니다. 20년 동안 의류업을 하던 독일계 유대인 칼 레뮬은 '유니버설 스튜디오'를 만들었고, 헝가리계 유대인 윌리엄 폭스는 세탁소를 운영하여 벌어들인 돈으로 '20세기 폭스'를 세웠죠. 모피 판매원이었던 헝가리계 유대인 애돌프 주커는 '파라마운트', 프랑스계 유대인 찰리 채플린은 '유나이티드 아티스트', 가난한 구두 수리공 집안의 폴란드계 유대인 워너 형제들은 '워너 브라더스'를 각각 만들었습니다. 그뿐만이 아닙니다. 소극장 어릿광대 출신 독일계 유대인 해리 콘은 '콜롬비아', 고물상 주인으로 시작해 극장 체인을 운영하던 루이스 메이어가 'MGM'을 세웠죠.

자본이 또 다른 자본을 낳으며 날로 더욱 거대해지고 있는 자본주의 사회에서 앞으로도 유대인의 영향력은 쉽게 사그라지지 않을 것으로 보입니다. 오랜 기간 종교적으로 온갖 핍박을 받으며 세계 이곳저곳을 떠돌며 고단하게 살아온 그들이 현대 자본주의 사회에 가장 적합한 능력을 키우게 되었다는 것 또한 참으로 아이러니가 아닐 수 없습니다.

WASP

미국은 영국에서 건너온 개신교(청교도) 백인들이 세운 나라이다. 거대한 영토에 다양한 인종과 민족들이 모여들면서 이루어진 나라지만, 미국을 건설한 뿌리는 앵글로색슨계 혈통의 백인 그리고 개신교를 믿는 사람들이라 주장하며 이들을 WASP(White, Anglo-Saxon, Protestant)이라고 구별하기도 한다. 이들은 아직도 미국의 정치·경제 전반에서 상류층의 주류를 차지하고 있으며, 특히 미국의 역대 대통령 중에서 'WASP'이 아닌 대통령은 현재까지 버락 오바마와 존.F.케네디 단 둘 뿐이다. 오바마는 흑인 혼혈이고, 케네디는 백인이기는 하지만 가톨릭교 신자였다.

돈도 신처럼
숭배하는 힌두교

　　　　　　　　남부아시아 히말라야산맥 남쪽에 위치한 인도는 국민의 대다수가 힌두교를 믿습니다. 힌두교 율법 경전인 마누 법전을 기반으로 만들어진 **카스트제도**는 인도와 힌두교를 상징하는 문화라고 할 수 있죠.

　카스트제도는 신분에 따라서 브라만, 크샤트리아, 바이샤, 수드라, 하리잔(카스트에 포함되지 못한 나머지 집단, 불가촉천민)으로 계급을 나눕니다. 그리고 어떤 계급에 속하는지에 따라 종사할 수 있는 직업이 정해져 있고, 심지어 그 신분은 세습됩니다. 이러한 카스트제도의 장점을 굳이 이야기하라면 신분에 따라 정해진 직업에 종사하면서 매우 낮은 임금과 열악한 노동 환경이기는 하지만 어쨌든 경제활동이 가능하다는 점입니다.

탈 카스트 산업에 눈을 돌리다

두말할 것 없이 이러한 신분제도는 역효과가 훨씬 더 큽니다. 인도는 드넓은 국토, 풍부한 자원과 인구, 국제 공용어인 영어를 사용하고, 수학 능력이 뛰어나 엄청난 경제성장 가능성을 지닌 국가입니다. 하지만 바로 이 카스트제도 때문에 경제성장이 기대에 못 미친다고 분석하는 사람도 많을 정도니까요. 다시 말해 신분의 한계 때문에 자본주의의 성장 동력인 열심히 일하고자 하는 동기부여가 일어나지 못한다는 뜻입니다.

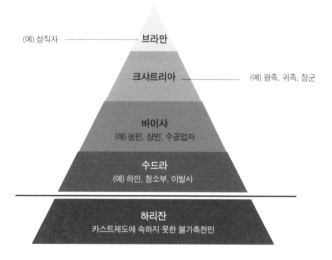

힌두교의 카스트제도

신분이 세습될 뿐만 아니라 신분에 따라서 직업도 엄격히 구분하는 힌두교의 카스트제도는 인도의 성장을 저해하는 주요 요인으로 꼽힙니다. 최근 신분과 무관하게 종사할 수 있는 탈 카스트 산업에 대한 국가의 지원과 정책이 이루어지고 있다고 합니다.

1950년 카스트제도를 폐지하며 차별을 금지했지만, 지금까지도 인도 사회에 뿌리 깊이 남아 있는 카스트 문화는 여전히 인도인들을 지배하고 있습니다. 특히 카스트에 속하지 못한 하리잔(불가촉천민)은 현재까지도 심각한 경제적 어려움을 겪고 있을 뿐만 아니라 극심한 차별에 고통받고 있죠.

신분에 따른 직업이 정해져 있다는 카스트제도를 거꾸로 생각하면, 새롭게 생겨난 직업들은 어떤 신분이 담당할 직업인지 정해져 있지 않은 셈입니다. 이는 신분제도로 가로막힌 인도 사회에 새로운 활력을 불어넣고 있습니다. 대표적으로 과거에는 존재하지 않았던 IT 산업이 그러합니다. 인도는 지리적으로 미국의 실리콘벨리와 12시간의 시차가 납니다. 즉 인도와 미국이 함께 일할 경우 24시간 멈추지 않고 업무가 이어질 수 있죠. 게다가 인도인들은 영어를 사용하고, 전통적으로 수리 능력이 탁월합니다. 이것이 최근 인도에서 IT 산업이 급성장하게 된 이유입니다.

이처럼 새롭게 생겨난 산업은 다양한 신분의 사람들이 종사할 수 있어 탈 카스트 산업이라고 부릅니다. 다만 아직까지는 이와 관련된 교육을 받은 상류층들이 여전히 주를 이루고 있는 게 사실입니다. 하지만 인도 정부는 교육을 통해 하층 계급의 사람들이 IT 산업에 종사할 수 있도록 하는 지원과 정책을 마련해서 추진하고 있죠. 이미 인도 경제의 성장세가 예사롭지 않은 가운데, 향후 카스트제도가 완전히 사라진다면 인도는 세계 경제의 판도를 뒤집을 만한 실로 막강한 경쟁력을 갖게 될지도 모릅니다.

돈은 신이다

힌두교의 마누 법전에는 이런 구절이 있다고 합니다.

"정도(正道), 경제, 욕망 세 가지가 법으로 정해졌다."

힌두교는 살아가며 이루어야 할 인생의 목표로 정도, 경제, 욕망, 해탈을 설정하고 있는데, 해탈을 제외한 나머지 세 가지가 바로 세속적인 인생의 목표를 가리킵니다. 이 법전에서는 실제로 종교적 생활보다는 경제적 부를 쌓는 것을 강조한다고 합니다. 즉 우선 먹고 사는 문제를 해결하고 나서, 그 다음으로 더 나은 삶을 강조한 거죠.

그래서인지 몰라도 인도인들에게 있어 돈은 신과 마찬가지입니다. 만약 돈이 바닥에 떨어지면 인도인들은 그 돈을 주워서 이마와 땅에 대고 절을 하죠. 신이라고 생각해서 존중하는 것입니다. 그렇기 때문에 인도인들은 돈을 함부로 쓰지 않습니다. 절약하고 저축해서 돈을 모으고, 또 모은 돈은 귀하게 모셔두죠.

이렇듯 절약이 몸에 밴 인도 사람들은 평소에는 돈을 아끼면서 잘 쓰지 않지만 자녀의 결혼식 때 만큼은 큰돈을 아낌없이 사용합니다. 만약 여자아이가 태어나면 결혼 지참금을 준비하기 위해서 부모는 돈을 모으기 시작하죠. 결혼식 때 지출하는 돈의 액수로 사회적 지위를 결정한다고 생각하기 때문에 그야말로 아낌없이 돈을 씁니다. 결혼식 날 남자는 돈을 목에 주렁주렁 걸고, 결혼을 축하하는 것 또한 돈으로 하죠. 이렇게 결혼시킨 딸이 명절 때 부모의 집에 찾아오면 부모와 친척은 또다시 돈을 주며 행복한 삶을 기원합니다. 이 모든 것이 돈을 신성시하는 이들의 종교적 가치관 때문이죠. 인도인들은 잘 먹고 잘 살기 위해 돈을 중요시하는 게 아니라 종교적 가치 때문에 돈을 중시한다는 것이 참으로 흥미롭습니다.

인도인에게 소의 의미

인도는 인구의 약 80%가 여러 신을 숭배하는 다신교(多神教)인 힌두교를 믿습니다. 특히 파괴의 신 '시바'는 흰빛의 황소를 타고 다니는데, 바로 이 때문에 소를 숭상하는 것입니다. 그래서인지 인도인들이면 모두 소고기를 전혀 먹지 않을 것이라고 생각하는 사람들이 꽤 많습니다.

하지만 인도인들도 소고기를 먹습니다. 물론 힌두교를 믿지 않는 사람들이죠. 인도에서 이슬람교를 믿는 비율은 약 13%인데 인도의 인구가 13억 4천만 명(2017년 기준)이라고 할 때, 약 1억 7천명은 이슬람교 신자들입니다. 그리고 이들은 소고기를 먹습니다. 기타 종교를 믿는 나머지 7%도 마찬가지입니다. 힌두교를 제외한 약 20%의 인구가 소고기를 금기하지 않는다면 약 2억 7천만 명의 인구는 소고기 소비가 가능한 셈입니다. 우리나라의 전체 인구가 5천만 명

시바신과 소
힌두교에서 파괴의 신 시바는 하얀 소를 타고 다녔다고 합니다.

정도라는 것을 감안하면 인도는 어마어마하게 큰 소고기 소비시장이라고 할 수 있습니다.

인도에서는 소고기 생산과 유통을 이슬람교도들이 담당한다고 합니다. 특히 인도에서는 니하리(Nihari)라는 소고기 요리가 유명한데, 이 요리는 과거 인도를 지배한 무굴제국 때부터 전해져 내려온 요리입니다. 무굴제국은 이슬람교를 믿었던 왕조로 이슬람교에서는 소고기를 금기시하지 않았기 때문에 이러한 요리가 만들어질 수

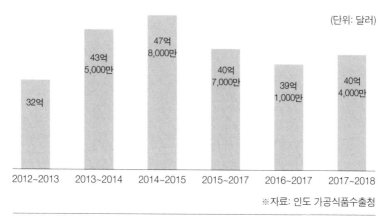

(단위: 달러)

32억 | 43억 5,000만 | 47억 8,000만 | 40억 7,000만 | 39억 1,000만 | 40억 4,000만

2012~2013 2013~2014 2014~2015 2015~2017 2016~2017 2017~2018

※자료: 인도 가공식품수출청

인도 소고기 수출량

인도의 소고기 수출량은 2015년에 정점을 찍었으나 독실한 힌두교 신자인 모디 총리 집권 이후로 하락세를 보이고 있습니다.

있었던 거죠.

인도는 2억 마리에 가까운 소를 사육하는 세계 2위의 소 사육 국가이고, 특히 물소는 사육 두수만도 1억 마리가 넘어 전 세계 1위를 차지하고 있습니다. 물소에서 우유를 짜내어 유제품을 만들고, 더 이상 우유를 짜내지 못하는 소는 육우로 판매되고 있죠. 물소의 사육 두수가 늘어나면서 우유 공급량이 늘어나 인도 사람들의 영양 상태가 좋아졌다고 합니다. 2015년에는 물소고기를 포함한 소고기 수출량이 브라질과 오스트레일리아보다 높은 세계 1위를 차지하기도 했습니다. 인도 소고기의 40%는 가까운 베트남으로 수출되고 있으며, 말레이시아, 이집트, 사우디아라비아 등의 국가로도 수출되고 있습니다.

하지만 2015년 독실한 힌두교 신자이자 채식주의자인 모디 총리가 집권하게 되면서 소를 신성시하고 보호하는 법률과 제도를 시행했습니다. 이로 인해 인도의 소고기 시장은 크게 위축되고 있다고 합니다. 이를 반영하듯 인도의 소고기 수출은 2014~2015년에 47억 8천만 달러였지만, 2017~2018년에는 40억 4천만 달러로 약 15%가 감소하였습니다. 그 여파로 전국의 정육점 중 5만 곳이 문을 닫으면서 축산업에 종사하던 모슬렘들이 직장을 잃게 되었습니다.

게다가 소고기를 먹거나 소고기를 도축하는 산업에 종사하는 사람들을 대상으로 범죄가 계속되고 있는데, 대부분 모슬렘을 대상으로 하는 종교혐오 범죄들입니다. 정권을 유지하기 위해서 힌두교 우월주의를 강조하는 모디 정권이 인도에서 오랫동안 이슬람교의 전통을 유지하면서 함께 살아온 모슬렘들을 탄압하고 있는 것입니다. 하지만 모슬렘에 대한 탄압은 향후 인도의 성장과 국가 통합에 결코 도움이 되지 않을 것이 분명합니다. 인도 정부는 마하트마 간디의 "인도는 힌두교도들만을 위한 나라가 아니다."라는 말을 잊지 말아야 할 것입니다.

2019년 6월, 프랑스는 역대 최고기온인 45.9도를 기록했습니다. 프랑스뿐만 아니라 유럽 전역이 폭염에 몸살을 앓았죠. 우리나라도 2018년에 유례없는 폭염을 겪었습니다. 마치 뜨거운 용광로 속으로 들어간 듯 이글이글 타올랐죠. 정도의 차이는 있겠지만, 앞으로도 폭염의 기세는 계속될 것으로 예측되고 있습니다. 여름뿐만이 아닙니다. 겨울 기온도 예전에 비해 큰 폭으로 떨어졌습니다. 여기가 대한민국인지 아니면 시베리아인지 헷갈릴 정도라고 말할 정도이니까요. 이 모든 것은 지구온난화에 의한 기상이변 때문이라고 하는데요, 날씨의 변화는 그저 덥고 추운 문제를 떠나 우리의 라이프 스타일마저 바꾸고 있습니다. 기후는 지리학에서 빼놓을 수 없는 중요한 요소입니다. 이에 여기에서는 특히 기후가 경제와 시장에 미치는 영향을 중심으로 살펴보려고 합니다.

CHAPTER 03

날씨와
돈벌이

"날씨는 시장에 어떤 영향을 미칠까?"

우리는 언제부터
지구온난화에 주목하게 되었나?

혹시 달의 표면에서 태양이 비추는 쪽은 100℃가 넘고 반대쪽은 무려 영하 200℃에 이른다는 것을 알고 있나요? 이런 극단적인 차이가 나타나는 이유는 대기가 존재하지 않아서 온실효과(greenhouse effect) 현상이 나타나지 않기 때문입니다. 이 지구상에서 우리 인간을 포함해 수많은 생물들이 살아갈 수 있는 것도 바로 온실효과 때문입니다.

우리가 이미 알고 있던 지구온난화 이야기

온실효과 덕분에 지구의 지상 평균기온은 약 15℃로 유지되도록 태양으로부터 받은 복사에너지에 의해 조절되고 있는 거죠. 그러나 문명의 발전과 성장이라는 이름을 앞세워 행해져온 온갖 종류의 인간 활동들은 지구를 점차 병들게 하고 말았습니다. 특히 산업혁명을 기점으로 화석연료의 사용이 급격히 늘어났고, 이로 인해서 대기 중으로 배출되는 이산화탄소량이 급증했죠. 아울러 축산 폐수 등에서 발생하는 메탄, 과용되는 질소 비료의 여분이 분해되면서 발생하는 아산화질소 등 온실가스 농도가 크게 높아졌습니다. 이에 따라 지구 복사열의 흡수가 과다하게 일어나 지구의 에너지 균형이 깨지면서 지구의 온도가 갈수록 높아지게 되었는데, 이것이 바로 지구온난화(global warming)입니다.

태양에서 지구로 오는 빛 에너지 중에서 약 30~34%는 구름 등에 의해 반사되고 지표면까지는 약 44~50% 정도만이 도달합니다. 지구는 태양으로부터 받은 이 에너지를 파장이 긴 적외선으로 방출하는데, 이산화탄소가 방출되는 적외선 파장의 일부를 흡수합니다. 적외선 파를 흡수한 이산화탄소 내의 탄소 분자는 들뜬 상태가 되고, 안정 상태를 유지하기 위해 에너지를 방출하는데, 바로 이 에너지가 지구를 따뜻하게 만드는 것입니다.

여기까지는 우리가 익히 알고 있는 지구온난화 이야기일 것입니다. 이미 지구온난화는 우리의 삶 전반에 많은 영향을 미치고 있습니다. 그런데 그 이야기를 하기에 앞서 우리가 잘 몰랐던 지구온난화 이야기, 우리가 조금 더 알아두면 좋을 지구온난화 이야기부터 시작하려고 합니다.

우리가 몰랐던 지구온난화 이야기

지구온난화에 대한 새로운 관점에 관해 이야기하기 전에 옛날에 일어났던 두 가지 사건을 먼저 소개할까 합니다.

먼저 영국에서 있었던 일입니다. 18세기 후반 섬나라 영국은 일찍이 다른 유럽대륙에 비해 산업혁명을 이루며 세계에서 가장 부유한 국가 중 하나가 되었고, 석탄은 산업혁명의 동력으로 지대한 역할을 했습니다. 하지만 20세기 후반으로 들어서면서 영국 정부는 석탄의 대체재인 석유의 가격 하락과 석탄의 높은 채굴 비용 등으로 석탄산업에 대한 구조조정을 추진하려고 했습니다. 석탄 노동자들은 이에 맹렬히 대항해 장기간 파업을 하며 정부와 서로 대치했

ⓒPixabay

마가렛 대처와 챌린저호 폭발
기후변화에 세계가 주목하게 된 것은 어쩌면 정치적 이해관계를 만족시켜줄 명분이 필요했기 때문일 수도 있습니다.

습니다. 이러한 극한 대립 상황에서 당시 영국의 수상 마가렛 대처는 탄광 폐쇄 조치를 정당화하기 위한 명분이 필요했습니다.

이번에는 미국의 이야기입니다. 1986년 1월 28일 미국의 플로리다 주에서 7명의 우주비행사가 탄 챌린저호가 이륙했습니다. 하지만 챌린저호는 이륙 직후 그만 폭발해버렸고, 우주선 사업을 진행했던 NASA는 큰 위기에 봉착하게 됩니다. 미국의 상원의원들이 NASA의 예산을 삭감하는 식의 압박을 가하면서 NASA는 재정적 위기와 함께 정치적 입지마저 크게 흔들렸습니다. 이들은 우주에 대한 연구를 정당화할 명분이 절실히 필요했습니다.

이 두 이야기가 대체 지구온난화와 무슨 상관이 있는지 궁금할 것입니다. 그건 바로 지구온난화가 대중들에게 문제로서 인식될 수 있었던 이유가 실은 우리의 생각과 다르기 때문이죠. 무슨 뜻이냐고요? 우리가 지금 심각하게 맞이하고 있는 지구온난화가 전 세계적으로 공론화된 것은 이상기후와 환경을 걱정하는 순수한 마음에서 비롯된 것이 아니라는 뜻입니다.

사실 과거에도 이미 지구온난화를 경계하라는 과학자들의 경고와 주장이 있었지만, 그럼에도 후속연구는 지지부진한 상태였죠. 그 연구를 지속하게 해준 사람들은 다름 아닌 정치인들이었습니다. 왜냐하면 때마침 그들에게는 정치적으로 이용할 만한 명분이 간절히 필요하던 참이었으니까요. 사실 이전까지 정치인들은 지구온난화를 심각한 우려로 받아들이지 않았던 사람들이었죠. 따지고 보면 지구온난화 이슈가 전 지구적인 관심을 가지게 된 것은 과학계의 공로가 아니라 정책 추진의 명분이 필요했던 정치인들의 공로가 지대하다고 할 수 있습니다.

우선 철의 여인이라 불리는 영국의 전 수상 마가렛 대처는 지구온난화를 탄광 폐쇄에 정치적으로 이용하였습니다. 당시 그녀는 적자가 누적되고 있는 탄광 폐쇄를 단행하려 했죠. 하지만 탄광지역 주민들이 일자리를 잃고, 지역경제까지 붕괴되어 막대한 피해가 예상되었습니다. 이에 온 인류가 봉착한 지구온난화로 인한 위험에서 벗어나기 위해 탄광 폐쇄는 어쩔 수 없는 조치라는 명분을 앞세워 폐광을 정당화했던 것입니다.

NASA도 마찬가지였습니다. NASA는 인간에 의해 방출된 대기오염 물질이 고층의 대기를 오염시켜 기후변화가 심각하게 나타날 것이기 때문에 우주에서 인공위성을 활용하여 이를 관측하고 문제를 해결해야 한다고 주장했죠. 이들의 논리는 정치인들의 이해관계와 묘하게 맞물렸고, 그 결과 인공위성 개발, 연구소 설립 등 NASA가 해야 할 일들이 크게 늘어났습니다.

지구온난화가 공론화된 이유가 이렇듯 정치적이었기 때문인지 몰라도 일부에서는 지구온난화가 실제 우려할 만한 문제인지에 관해 반론을 제기하는 사람들도 있습니다. 즉 역사적으로 볼 때, 지구의 기온은 주기적으로 상승과 하락을 반복해왔고, 지금은 기온이 상승하는 시점에 있는 것이라는 주장이죠. 하지만 어쨌든 현재 지구의 기온은 상승하고 있는 것은 분명하며, 이로 인해 우리도 과거와 다른 여러 가지 변화들을 경험하게 되었습니다.

지구온난화 때문에 추워 죽는다!?

지구온난화 하면 가장 먼저 떠오르는 영화가 있습니다. 2004년에 개봉한 〈투모로우(the day after tomorrow)〉라는 영화입니다. 지구온난화로 인해서 지구가 빙하기로 접어든다는 충격적인 결말을 담고 있죠. 비록 영화 속 이야기이기는 하지만, 지구온난화를 경고하는 과학자들의 이론을 잘 설명해줍니다.

북대서양의 래브라도해 주변에서는 바닷물의 밀도가 높아 가라앉는 침강류가 발생합니다. 물의 밀도를 결정하는 것은 수온과 염분입니다. 고위도 지방으로 갈수록 기온이 낮아 물은 얼음이 되고, 염분은 남아 물의 밀도가 높아지게 되죠. 고위도 지방에서 빙하가 만

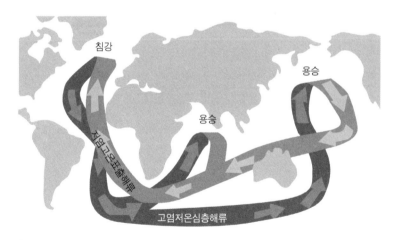

심층 해류 순환
지구는 심층 해류 순환을 통해 열에너지의 균형을 이루게 됩니다. 하지만 지구온난화는 심층 해류 순환의 이상을 가져오게 됩니다.

들어지면서 형성된 침강류는 심해에서 남쪽으로 흐르는 해류를 형성합니다. 이 심해 해류는 적도 부근에서 바닷물과 섞이면서 태평양으로 떠오르고, 표층 해류를 따라 다시 고위도로 흘러가죠. 이러한 해류의 흐름은 지구의 열에너지의 균형을 맞춰주는 역할을 하는데, 이를 심층 해류 순환이라고 합니다.

영화 〈투모로우〉는 바로 이 심층 해류 순환의 흐름이 깨진 것을 배경으로 합니다. 지구온난화로 기온이 상승하면 극지방의 빙하가 녹게 됩니다. 그러면 원래는 침강류가 형성되어야 하지만 빙하가 녹은 물에 의해 바닷물의 염도가 낮아지면서 침강류가 형성되지 않는 것입니다. 이로 인해 전 지구적 열교환이 이루어지지 않아서 고위도 지방은 혹한의 빙하기가 나타나고, 적도 주변에서는 극심한 더위가 나타난다는 것입니다.

지구는 뜨거워지는데 왜 한파가 몰아칠까?

지구온난화로 인해 기온이 계속 올라가면 여름이 점점 더 길어지면서 미래에는 겨울이 거의 사라져버릴 것이라고 예측합니다. 물론 아주 틀린 말은 아닙니다. 하지만 짧아진 겨울에는 과거에 비해 훨씬 더 매서운 한파가 찾아올 확률이 높습니다.

왜냐고요? 이는 제트기류로 설명할 수 있습니다. 북극과 우리나라가 속한 중위도 사이에는 엄청난 기온 차이로 인해 제트기류가

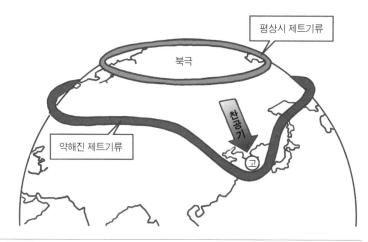

북극진동

지구온난화 때문에 제트기류가 약해져서 북극의 차가운 공기가 중위도 지방으로 내려오게 되었기 때문에 매서운 추위를 느끼게 됩니다.

발생합니다. 이 제트기류는 매우 빠른 속도로 서쪽에서 동쪽으로 회전하는데, 이 기류로 인해 차가운 북극의 공기가 중위도 지방으로 내려올 수 없는 거죠. 하지만 지구온난화로 기온이 상승하여 중위도와 극지방의 기온차가 작아지면 제트기류의 강도는 약해질 수밖에 없습니다. 약해진 제트기류로 인해 파동이 일어나게 되는데, 이를 **북극진동**(arctic oscillation)이라고 하죠. 바로 이 파동을 타고 북극의 매섭게 차가운 공기가 중위도 지방까지 내려오게 되면서 극심한 한파 피해를 일으키고 있는 것입니다.

극지방은 지구온난화로 인한 기온 상승폭이 다른 지역에 비해 큽니다. 실제로 지난 50년간 다른 지역이 1도 올라갈 때 극지방은 2.5도의 기온이 상승한 것으로 나타났습니다. 상승한 온도로 인해 극지방의 빙하가 녹으면 열과 수증기를 방출하는데, 이것이 다시 지구의 기온을 높이고 있는 거죠. 그리고 이러한 순환이 이루어지면서 결국 지구의 기온을 계속해서 올리고 있는 것입니다. 특히 유럽, 미국, 중국 등 이산화탄소 배출량이 많은 지역들에게서 이러한 이상한파가 극심하게 나타나는 것은 '이산화탄소 배출-지구온난화-이상한파'의 메커니즘을 입증하는 일종의 증거라고 할 수 있습니다.

날씨를 잡으면
돈이 보여요!

　　　　　앞서 설명한 대로 지구온난화의
영향으로 인해 지구는 점점 더 뜨겁게 달아오르고 있습니다. 매년
기록을 경신하고 있는 여름의 폭염을 보면 여러분도 그 영향을 체
감할 수 있을 것입니다. 반대로 겨울은 지구온난화로 인한 북극진
동으로 한파 피해가 커지고 있죠. 그래서인지 요즘에는 봄의 기운
을 채 만끽하기도 전에 반소매 옷을 꺼내 입으며 여름을 준비하는
것에 익숙합니다. 길어진 여름 탓에 서늘한 가을은 늦게 찾아오기
도 하지만, 가을이 오기 무섭게 불어오는 찬바람에 깜짝 놀라 겨울
을 준비해야 하는 경험도 많이 하게 되죠. 어쩌면 미래사회에는 사
계절 중 여름과 겨울만 남고, 봄과 가을은 책이나 영화에서나 찾아
볼 법한 특별한 이벤트가 될지도 모를 일입니다.

날씨, 소비자의 구매 행동을 좌우하다

기상 연구 자료에 따르면 지난해와 올해의 날씨 패턴이 비슷할 확률은 35%라고 합니다. 다시 말하면 65%는 다르게 변화할 것이기 때문에 날씨의 영향을 많이 받는 산업들은 날씨의 변화에 더욱 민감하게 대응할 준비를 해야 하죠.

오랫동안 기업을 하는 사람들은 날씨를 경영에 어떻게 활용할 것인가에 대해서 거의 고려하지 않았습니다. 왜냐하면 날씨는 인간이 어쩔 수 없는 영역에 존재하므로 그저 운이라고 생각했던 거죠. 경제 시스템에서는 철저한 예측을 바탕으로 투자가 이루어지는 것

날씨를 이용해 돈을 벌었던 최초의 기록

기원전 500년경 그리스 철학자 탈레스(Thales)는 증발한 수증기가 구름을 만들고, 구름에서 비가 내리면 다시 땅으로 돌아온다는 대류의 원리를 이해하며 날씨에 관심을 많이 가지고 있었다. 하늘과 구름을 보고 날씨를 예측하는데 관심을 가지고 있었던 탈레스는 지금의 터키지역(밀레투스_miletus)에 올리브 풍년이 들 것을 예상하고 올리브 압착기를 구매하였다. 그리고 그해는 올리브가 풍년이 들어 엄청난 수익을 얻을 수 있었다. 이는 날씨를 이용해 돈을 벌었던 최초의 기록이다.

이 중요하므로 변덕스럽고 예측 불가능한 날씨는 등한시해왔던 것입니다. 하지만 지금은 상황이 크게 달라졌습니다. 미국의 증권사의 유통 분석가는 사업에 영향을 미치는 세 가지 요소로 '경제 현황, 현재 판매량 추세, 날씨'를 들었는데, "날씨는 소비자의 구매 행동에 영향을 크게 미치기 때문에 매우 중요하다."고 말했죠.

최근의 기업들은 과거에는 등한시해온 날씨를 어떻게 하면 정확히 예측하고, 아울러 어떻게 경영에 잘 활용할 것인가를 고민하기 시작했습니다. 우리는 이제 날씨를 잘 활용하는 것이 기업의 성패를 가르는 중요한 척도가 되는 세상에 살고 있습니다.

날씨로 보는 패션업계의 전략

모든 업계가 그렇겠지만 패션업계 또한 신제품을 만들고, 재고의 리스크를 줄이기 위해서 다양한 노력을 기울입니다. 특히나 패션은 유행에 민감하기 때문에 주기적인 트렌드 조사가 중요하죠. 최근에는 이러한 트렌드뿐만 아니라 날씨의 변화에 어떻게 즉각적으로 대응할 것인지가 한층 강조되고 있습니다.

예컨대 우리나라의 경우 2018년 2월 평창동계올림픽을 기념하려고 제작된 롱패딩이 2017년 12월부터 이어진 유례없는 한파로 인해 조기 품절사태를 겪었고, 다른 브랜드의 롱패딩들 또한 날개 돋친 듯 팔려 나갔죠. 조금 과장하면 사람들이 많이 모이는 거리에 가면 얼핏 펭귄들이 무리지어 다니는 것처럼 보일 정도였으니까요. 그 영향 때문인지 각 브랜드에서는 이듬해 겨울이 오기 전부터 롱패딩 물량을 확보하기 위해 총력을 기울였습니다. 하지만 2018~2019년 겨울은 전해에 비하면 비교적 포근한 편이었고, 예상만큼 롱패딩 매출이 높지 않아 타격을 입었다고 합니다. 날씨의 변화가 기업의 매출과 직결된 거죠.

과거와 달리 이제 우리나라도 계절의 변화가 정해진 패턴대로 변화하지 않고 있습니다. 예컨대 봄과 가을이 거의 사라지고, 무덥고 긴 여름과 여름에 비해 짧지만 혹한을 몰고 오는 겨울 등 기존에 알고 있던 계절의 패턴에서 벗어나고 있는 거죠. 이에 장기적인 기상 상태의 변화에 민감하게 대응하는 것도 패션사업에서는 사업의 성공과 실패를 좌우하는 중요한 요인이 되고 있습니다.

겨울철 기온이 -4~-5℃로 떨어지면 겨울 의류 판매가 늘어나고, 아웃도어 의류는 -8~-10℃까지 내려가면 판매량이 급증한다고 합니다. 또 강추위가 어느 시점에서 오는가도 중요한 영향을 미칩니다. 겨울이 시작되는 초기에 강추위가 몰려오면 겨울 의류는 대박이 나는데, 겨울나기 준비를 시작하려는 사람들이 따뜻한 겨울 의류를 선뜻 구입하게 되기 때문이죠. 하지만 12월은 비교적 포근하게 지나가고 뒤늦게 강추위가 찾아오면 소비자들은 '조금만 참으면 봄인데…' 하는 심리로 구매를 망설이게 됩니다.

최근에는 같은 디자인의 옷이라고 하더라도 재킷의 두께를 달리하여 기온대별로 옷을 입을 수 있는 제품을 출시하여 매출을 올리기도 합니다. level 1(영상 2℃~영하 29.6℃), level 2(영상 5.4℃~영하 11.9℃), level 3(영상 9.8℃~영상 4.2℃)로 나누어 살고 있는 지역, 주로 사용하는 용도에 따른 체감온도별로 의류를 구매할 수 있도록 제품을 다양화하여 매출을 높이는 것입니다.

아울러 장소와 시간대에 따른 기온 변화가 크다는 점을 고려하여 여러 벌의 옷을 겹쳐 입을 수 있도록 경량패딩을 다양한 디자인으로 출시하는가 하면, 기온에 따라 입었다가 벗었다가 하는 데 용이하도록 패딩도 휴대가 간편하도록 매고 다니는 컨셉으로 출시하기도 하죠.

신발도 영향을 받기는 마찬가지입니다. 예컨대 추위가 오면 여성들의 구두 굽이 낮아집니다. 얼어붙은 길 위를 높은 굽을 신고 걷기란 불안하니까요. 미끄러지지 않기 위해서 굽이 낮아지고, 어그 부츠, 패딩 부츠 등 방한화의 판매가 늘어납니다. 부쩍 추워진 겨울 날씨에 우리나라도 디자인뿐만 아니라 기능성까지 겸비한 다양한 겨울용 신발들이 등장했습니다.

또한 봄과 가을이 사라지다시피 하면서 봄옷과 가을옷은 유행 시즌을 구분하는 것이 점점 더 무의미해지고 있습니다. 이에 의류 업계에서는 이러한 날씨 변화에 대응하기 위해 디데처블(detachable), 즉 탈부착이 가능한 형태의 옷으로 두 계절에 걸쳐 착용하기에 적합한 디자인으로 출시하여 입을 수 있는 기간을 늘려주는 전략을 취하고 있죠. 또한 일교차가 큰 날씨 특성을 고려하여 여러 벌을 겹쳐 입기 편하도록 옷이 경량화되고 있고, 긴팔 셔츠를 롤업하여 입을 수 있도록 디테일을 디자인에 추가하는 등 날씨 변화를 민감하게 반영한 의류 디자인들이 많이 나타나고 있습니다.

한 의류업체는 기상정보를 반영하여 그날그날 날씨에 맞는 스타일링을 제공하고, 매장 내 마네킹의 옷을 날씨에 따라 코디하는 전

웨더코디

WTHRD

날씨에 맞는 코디를 알려주는 어플들

기상청의 날씨정보를 이용하여 날씨에 맞는 의상을 코디해주는 어플리케이션도 요즘 인기입니다. 내가 살고 있는 지역의 날씨정보를 기반으로 최신의 유행 아이템을 반영한 의상을 추천해주는데, 앞으로 패션산업과 연계된 이러한 어플리케이션은 더욱 큰 인기를 끌 것으로 예상됩니다.

략을 시행한 결과 전년 대비 매출액이 30%나 늘었다고 합니다. 기상정보를 생산라인에도 반영하여 이른 장마를 예측하여 장마철 특수를 챙길 수 있었죠. 이 업체는 날씨정보를 전담하는 담당자를 배치하고, 날씨예보에 따른 다양한 시나리오를 가지고 기업을 경영한 점을 인정받아 기상청으로부터 날씨 경영 인증을 받았습니다.

편의점 매출을 좌우하는 날씨

우리나라의 여름은 해마다 점점 더 뜨거워지고 있습니다. 특히 2018년에는 가히 살인적인 폭염이 한반도를 뒤덮었죠. 또한 몇 년 전이기는 한데 2013년 여름도 기억에 남습니다. 이때에는 폭염과 함께 물 폭탄을 방불케 하는 장마가 우리를 힘들게 했죠. 이 여름은 특이하게도 중부지방은 폭우가 쏟아졌지만, 남부지방은 뜨거운 태양이 내려쬐는 폭염이 기승을 부렸습니다.

반쪽 장마라 불리던 이 시기에는 지역별로 판매되는 술의 종류마저 확연히 달랐죠. 비가 많이 내린 중부지방은 소주와 막걸리의 매출이 4~7% 증가했고, 여름철 시원하게 마시는 맥주는 8% 증가에 그쳤습니다. 반면 남부지방은 소주와 막걸리의 판매가 8% 감소했지만, 맥주의 매출은 40% 가까이 늘어났습니다.

중부지방에서는 막걸리와 함께 부침개를 즐기는 사람이 많아서 밀가루, 식용유 등의 부침개 재료가 20% 이상 증가하였고, 남부지방은 무더위로 인해 생수와 스포츠음료의 판매가 20% 이상 증가하였다고 합니다. 또한 남부지방에서는 맥주와 함께 소비량이 늘어난 것이 있는데, 바로 치킨입니다. 무더운 여름밤, 잠을 이루지 못한 사람들이 야식으로 소위 '치맥'을 자주 즐기면서 맥주와 치킨의 소비량이 함께 늘어난 거죠. 반대로 날씨가 선선할수록 열량이 높은 음식을 찾게 되는데, 중부지방의 경우 긴 장마로 인해 초콜릿 판매량이 30% 이상 증가했다고 합니다.

이렇듯 날씨에 따라서 우리가 먹고 싶은 것, 필요한 것이 달라집니다. 특히 편의점은 사람들이 오며가며 쉽게 필요한 물건을 살 수 있는 곳이죠. 따라서 날씨를 예측해서 잘 팔리는 물품의 물량을 확보하거나, 고객들의 눈에 잘 띄는 곳에 진열하는 등의 날씨 마케팅 전략이 필요합니다.

날씨가 쌀쌀해지면 급격하게 판매가 증가하는 편의점 품목들이 있습니다. 예컨대 여성들의 스타킹, 따듯한 캔 커피와 따듯한 물에 타 마시는 차, 고열량의 초콜릿, 두유 등은 날씨가 서늘해지기 무섭게 급속히 매출이 늘어나는 제품들입니다. 또한 감기 환자들이 늘어나면서 쌍화탕, 목캔디, 마스크 등도 많이 팔린다고 합니다. 이러한 제품들은 날씨가 서늘해진다 싶으면 벌써 문에서 가까운 곳, 계산대 가까운 곳에 전진 배치되고 있죠.

또한 갑자기 비나 눈이 내리면 사람들은 편의점으로 들어갑니다. 미처 준비하지 못한 우산을 사거나 비에 젖은 양말을 갈아 신기 위해서죠. 편의점은 날씨정보를 활용해서 기습폭설과 폭우가 예상되는 시점에 우산과 양말을 대량으로 입고해두고 있습니다. 이러한 준비로 전주 대비 100배 이상의 판매량을 올린다고 합니다.

날씨가 더우면 매출이 늘어나는 대표적인 상품은 아이스크림입니다. 특히 덥고 건조한 날씨가 계속되면 쉽게 녹아내려 끈적거리는 바형 아이스크림보다 튜브형 아이스크림의 매출이 높아집니다. 장마가 시작되어 습도가 높은 여름이 되면 이제 아이스크림보다 시원한 음료의 매출이 늘어나죠. 눅눅한 날씨 탓에 소비자는 끈적끈적한 아이스크림보다는 불쾌지수를 날려줄 청량감 높은 음료를 선택하게 되니까요.

또 더운 여름 아이스크림과 함께 매출이 증가하는 것이 바로 물티슈와 휴지입니다. 높은 습도로 끈적하고, 줄줄 흐르는 땀을 닦아내기 위해 소비자들이 많이 찾는 거죠. 아울러 이 시기에는 양말이나 속옷 등도 매출이 함께 늘어나는데, 자주 갈아입어서 뽀송한 상태를 유지하기 위한 소비자들의 소비 심리 때문일 것입니다. 또한 불쾌지수가 높아지면 편의점 도시락도 매출이 늘어나는데, 가뜩이나 날씨도 더운데 사람이 많은 식당에서 기다리거나 뜨거운 음식 열기가 부담스럽기 때문일 것입니다.

어른들이 더울 때 맥주를 자주 찾는 이유는 시원한 청량감 때문인데, 톡 쏘는 청량감을 주는 종류가 바로 라거(lager) 맥주입니다. 하지만 장마철에 비가 많이 내리고 우중충한 날씨가 계속되다 보면 소비자들은 청량감보다는 깊고 진한 맛에 더 끌리게 되죠. 이럴 때 찾는 맥주가 바로 비가 많고 흐린 날씨가 많은 나라 아일랜드에서

온 에일(ale) 맥주입니다. 날씨에 따라 달라지는 선호도를 맥주 판매 전략으로 활용하면 매출액을 크게 높일 수 있습니다.

임계온도와 온도 마케팅

더운 여름에 판매량이 급증하는 제품 중 단연 청량음료인 콜라와 사이다를 빼놓을 수 없을 것이다. 한 조사에 따르면 기온이 18℃가 넘으면 청량음료가 판매되기 시작하고, 25℃가 넘으면 판매량이 급증해 1℃가 오를 때마다 매출액이 10% 이상 증가한다고 한다.

임계온도(critical temperature)란 각 상품의 판매량에 영향을 주는 특이점의 기온을 말하는데, 콜라와 사이다의 임계온도는 25℃이다.

일 최고기온이 18℃가 되면 유리그릇이 팔리기 시작한다고 한다. 유리그릇은 열전도율이 낮아 시원함을 주기 때문이다. 또 19℃가 되면 반소매 의류의 판매량이 늘어나기 시작하고, 20℃가 되면 에어컨의 판매량이 늘어나기 시작한다. 24℃가 넘으면 수영복이 팔리기 시작하고, 25℃가 되면 아이스크림을 찾는 소비자가 늘어난다. 이러한 임계온도를 잘 활용하면 제품의 판매량에 긍정적인 영향을 줄 것이 자명하다.

날씨 덕분에 탄생한 역발상 마케팅

맥주뿐만 아니라 날씨와 밀접한 관계가 있는 술이 또 있습니다. 바로 와인입니다. 일반적으로 명품으로 취급되는 와인의 포도는 햇볕이 뜨거운 지중해성 기후지역에서 잘 재배된다고 합니다. 그보다 위도가 높은 지역인 독일, 캐나다 등에서도 포도를 재배하기는 하지만, 포도를 수확하는 시기에 서리 피해가 심한 편입니다. 그래서 이 지역은 역발상으로 포도를 얼어 있는 상태로 수확하여 와인을 만들어서 판매하는데, 이것이 바로 아이스 와인(ice wine)이죠.

아이스 와인을 만들기 위한 포도는 12월과 1월 사이 영하 8도 아래로 내려간 새벽 3~4시경에 수확합니다. 얼어 있는 포도를 압축하면 고농축의 과즙을 추출할 수 있는데, 아이스와인은 바로 이 과즙을 발효시켜서 만드는 것입니다.

아이스 와인
아이스 와인을 만들기 위한 포도는 12월과 1월 사이 영하 8도 아래로 내려간 새벽 3~4시경에 수확합니다.

보졸레 누보
지구온난화로 수확량이 늘어 넘쳐나는 포도를 해결하기 위해 발효기간을 단축한 햇 와인을 만든 것입니다.

또한 지구온난화 덕분에 탄생한 와인도 있습니다. 지구온난화로 인해 평균기온이 높아지면서 전반적으로 포도의 수확량이 크게 늘어났습니다. 이에 프랑스 보졸레(Beaujolais) 지방 사람들은 넘쳐나는 포도를 어떻게 해결할까 고심하다가 역발상 아이디어를 생각해냈죠. 바로 단기 숙성 와인입니다. 일반적으로 와인은 발효와 숙성 기간이 4~10개월 정도 소요되지만, 포도 생산 과잉으로 그 많은 포도를 전부 장기간 숙성시킬 수 없게 되자 수확한 포도의 일부는 단 1주일간 발효시킨 후 1달만 숙성시켜서 바로 판매한 것입니다.

일반적으로 포도를 생산하고 숙성시킨 와인을 판매하면 해를 넘기기 마련인데, 이렇게 단기간에 숙성시킨 보졸레 지방의 와인은 '햇와인'이라는 새로운 타이틀을 달고 전 세계인에게 홍보되어 인기를 누렸죠. 이것이 바로 보졸레 누보(Beaujolais Nouveau)입니다. 상인들은 1985년부터 11월 셋째 주 목요일을 보졸레 누보를 마시는 날로 정해, 매년 이날 자정부터 그해의 햇와인을 판매하고 있습니다.

날씨, 기업의 새로운
경영 전략이 되다!

한 의류브랜드 업체는 실시간으로 기상정보를 파악할 수 있는 시스템을 도입하여 제품을 기획할 때부터 기상청의 예보를 적극 활용하고 있다고 합니다.

날씨 정보를 적극 활용하는 기업들

이 회사는 날씨에 따라 제품 디자인, 수량, 판매할 시기를 결정하여 의류업계의 가장 큰 고민인 재고량을 최소화할 수 있도록 기상정보를 적극적으로 반영하고 있죠. 앞에서도 잠깐 언급했지만, 이 회사는 이상기후에 적극적으로 대응하는 기업경영 전략을 인정받아 날

Excellent
Weather
Management
Corporation

날씨경영 우수기업 로고
날씨를 경영활동에 적극 반영하는 기업들이 늘고 있습니다.

씨 경영 인증을 기상청으로부터 획득했습니다.

이처럼 날씨를 경영에 적극 반영하는 업체는 점점 더 늘어나고 있습니다. 날씨를 경영활동에 적극 반영하면 날씨 경영 인증을 받을 수 있는데, 기상정보를 활용하여 매출액을 향상하거나 비용을 절감하고, 인적·물적 피해를 예방하는 등 날씨를 경영활동에 적극 활용하여 부가가치를 창출하고, 기상재해로부터 안정성을 획득한 날씨 경영우수 기업을 기상청장이 선정합니다. 선정된 기업은 날씨 경영 관련 교육 및 컨설팅, 기업 홍보, 대출 금리 우대, 연구과제 선정 가점 부여 등의 혜택이 주어지고 있죠.

현재 날씨 경영 인증을 받은 업종들을 살펴보면 건설업, 관광업, 농업, 레저업, 보험업, 외식업, 에너지 산업, 제조업, 항공업, 항만업 등 다양합니다. 이것만 보더라도 대부분의 기업들이 날씨와 밀접한 관련을 맺고 있음을 잘 알 수 있습니다.

날씨에 따른 경영 방법의 변화 필요성

우리나라의 경우 산업의 약 80%가 날씨의 직접적인 영향을 받고 있다고 합니다. 이러한 점을 고려할 때 날씨에 따라 기업의 경영 방법을 변화시키는 것이 필요합니다. 기업을 경영하는 데 있어서 날씨로 인해 발생하는 문제점을 해결해주는 날씨 경영 컨설턴트라는 새로운 직업이 생겨나기도 했죠. 예컨대 편의점에서 날씨에 따른 소비 패턴을 분석하여 매장 배열이나 마케팅 전략을 수립하여 매출을 향상시킵니다. 날씨 경영 컨설턴트는 기상학과 경제·경영학을 융합한 업종으로 기상상황의 데이터와 기업경영의 노하우를 바탕으로 날씨에 따른 기업 경영 방법을 디자인해주는 직업입니다.

날씨에 따른 업종별 영향 분류

외식업종	• 식재료 관리, 편차가 심한 배달수요, 원가관리 등에 영향
건설업종	• 공사현장 재해, 공정관리, 품질관리, 안전관리, 원가관리 등에 영향
농업업종	• 수해, 가뭄, 이상고온·저온 등으로 생산량 감소 및 병충해 증가, 품질 저하
제조업종	• 여름 이상저온 시 음료, 주류, 에어컨 제조업 매출 감소 • 겨울 이상고온 시 패션업계 계절상품 재고 물량 증가, 매출 감소 • 황사 시 기계조립, 초정밀산업 생산비용 증가
교통업종	• 태풍, 폭우, 폭설, 황사 등으로 운항 중단 및 안전사고 발생률 증가
레저업종	• 여름 이상저온, 이상다우 시 항공, 여행사 레저객 감소 • 겨울 이상고온 시 스키장 고객감소 및 운영비용 증가

※자료: 날씨경영 홈페이지(https://wm.kmiti.or.kr)

날씨 덕분에 탄생한 세계적인 기업, 스타벅스

주방기기 수입업자였던 하워드 슐츠는 시애틀의 드립식 커피 제조기 소매상 매출액이 지나치게 높은 것을 보고 시애틀로 향했다. 시애틀은 연중 비가 많이 내려 비와 관련된 축제까지 열리는 곳으로 우중충한 날씨로 인해 자살률도 높은 도시이다. 시애틀 사람들은 비가 오는 날 감성적이 되어서 커피 전문점을 많이 찾았다. 그래서 시애틀에는 커피전문점이 많았고, 특히 이곳의 커피전문점은 기존의 밋밋한 커피가 아닌 핸드 드립 커피로 풍부한 향을 즐기고 있었다. 핸드 드립 커피 전문점의 성공을 예감한 하워드 슐츠는 마케팅 디렉터로 시애틀 커피전문점에 취업했다. 그러던 중 밀라노 출장 때 우연히 에스프레소 바를 방문했는데 에스프레소 커피의 진한 맛을 보고 에스프레소를 이용한 새로운 커피 전문점을 생각해냈고, 스타벅스라는 세계적인 커피 브랜드를 만들었다. 스타벅스는 날씨가 만든 세계적 기업인 셈이다.

실제로 스타벅스는 커피 판매에 날씨 전략을 많이 사용한다. 스키장은 추운 겨울 따뜻한 커피를 찾을 사람이 많다는 점, 스키장의 설원과 주변 산의 멋진 경치를 보며 커피를 즐길 것이라는 점, 특히 젊은 층이 많이 이용한다는 점을 들어 스키장에 공격적으로 투자하고 진입했다. 그 결과 우리나라 스키장의 스타벅스 매장은 일 최고 판매액을 기록했다. 스타벅스는 비가 오면 손님들이 늘어난다는 심리를 파악하고, '비오는 날은 친구 분의 음료는 스타벅스가 드립니다'라는 홍보문구로 날씨를 경영에 적극 활용했다.

기후변화,
사회문제로 이어지다

　　　　　　　　　지구온난화를 비롯한 기후변화
는 비단 기후문제에 그치지 않습니다. 사실 현대사회에서 기후문제
는 수많은 사회문제로 이어지기 때문에 그 심각성이 더욱 큰 것입
니다. 그래서 여기에서는 잠시 기후문제가 사회문제와 어떤 식으로
관련되어 있는지를 살펴보려 합니다.

기후변화 취약 계층

2018년 여름은 최고기온, 최장 폭염일수 등 더위와 관련된 모든 기
록을 갈아치운 해였습니다. 엄청난 무더위 속에서 에어컨의 판매량

또한 치솟았죠. 하지만 살인적인 무더위 속에서 에어컨은 고사하고 선풍기마저 맘대로 켜지 못한 채 생활해야 하는 사람들이 있었습니다. 소득의 10% 이상을 연료비로 지출하는 '에너지 빈곤 가구'에게 에어컨은 그림의 떡일 뿐입니다.

이제 기후변화는 우리의 이런저런 일상을 변화시키고 있을 뿐만 아니라 누군가에게는 생존의 문제로까지 이어지고 있는 것입니다. 하지만 기후변화를 어느 한 개인의 노력이나, 시장의 수요와 공급 메커니즘만으로 해결할 수는 없는 문제입니다. 따라서 사회가 적극적인 대책을 수립하여 이 문제를 해결해야 합니다.

기후변화가 불러온 변화에 스스로 대응하기 힘든 사람들, 즉 기후변화가 가져올 변화에 더 큰 위험에 노출되는 사람들을 '기후변화 취약 계층'이라고 합니다. 또 기후변화에 취약한 분야를 파악해서 대책을 수립하는 데 5년 이상의 시간이 걸린다고 합니다. 대책이 나오기까지 기후변화 취약 계층은 심각한 피해를 입게 되고, 이들의 피해는 단순히 몇몇 개인의 피해가 아니라 국가적인 문제가 될 것이므로 취약 계층을 위한 선제적 대책이 필요합니다.

기후 난민을 아시나요?

여러분 혹시 '보트피플'이라는 말을 들어보았나요? 선박을 이용해서 바닷길로 자국을 탈출한 난민을 가리켜 보트피플(boat people)이라고 합니다. 1970년대 후반 베트남 전쟁 후 베트남인들이 보트를 타고 바다로 탈출을 감행하다가 수많은 사람들이 목숨을 잃었습니다. 이들의 죽음이 세상에 알려지면서 보트피플이라는 용어는 '난민'을 뜻하는 용어로 사용되기 시작했죠.

2015년 전 세계인들을 가슴 아프게 한 사진이 한 장 있었습니다. 바로 터키 해변에서 발견된 3살 꼬마의 주검이었죠. 이 꼬마의 이름은 에이란 쿠르디(Aylan Kurdi)로 이슬람 극단주의 'IS'와 내전이 심했던 시리아 북부에서 살다가 내전을 피해 부모와 함께 그리스로 향하는 보트에 몸을 실었습니다. 지중해를 건너는 도중에 배가 전복이 되는 바람에 안타깝게 사망하고 만 것입니다. 세상에는 이렇게 전쟁이나 정치적인 이유로 많은 난민들이 발생하고 있습니다.

그런데 또 다른 이유로 난민이 된 사람들이 있습니다. 바로 기후 난민이죠. 지구온난화로 인해 해수면이 상승하자 사라지는 국가들이 생겨난 것입니다. 인구 1만 여명의 작은 섬나라 투발루는 평균 해발 고도가 3m에 불과한데 1년에 5mm씩 잠기고 있죠. UN은 현재 추세가 지속 된다면 2050년에는 국토 전체가 바다 속으로 사라질 것이라고 전망했습니다. 33개의 섬으로 이뤄진 인구 10만의 섬나라 키리바시 역시 같은 문제를 겪고 있습니다. 1999년에 이미 2개의 섬이 물에 잠겼죠. 매년 1cm씩 해수면이 상승하고 있고, 이번 세기 안에 남은 섬 모두가 가라앉을 것으로 예측됩니다. 이러한 섬나라는 국토가 바닷물에 잠기고, 토양 염류화로 인해 인간이 살아가기 힘든 지역이 되므로 어쩔 수 없이 살던 곳에서 떠날 수밖에 없습니다.

　태풍이나 홍수와 같은 급작스런 자연재해도 난민을 양산하는 원인이 됩니다. 방글라데시나 인도에서는 홍수와 태풍으로 인해 수십만 명의 난민들이 정든 고향을 떠나야 했습니다. 이들은 지구온난화가 만든 기후 난민인 셈이죠. 이러한 기후 난민은 개발도상국만의 문제는 아닙니다. 미국에서도 카트리나 태풍이 강타한 뉴올리언스 주에는 무려 200만의 난민이 발생했으니까요.

그들에게 일어난 기후변화는 누구의 책임인가?

사헬지대와 같이 사막화가 진행되어 농사를 지을 수 없게 된 지역 사람들은 식량을 수입하거나 국제적인 구호물자에 의지해서 살아갈 수밖에 없습니다. 또한 이상기후로 인해 전 세계적으로 곡물 생산량이 줄어들면 곡물의 가격이 상승할 테니 이 지역사람들은 식량 부족으로 더더욱 살아가기가 힘들어질 것입니다.

　UN 정부간기후변화위원회(IPCC)는 "10년마다 농업 생산량은 2%씩 감소하고, 식량 수요는 14%씩 증가할 것이다."라는 전망을 내놓았죠. 기후변화로 인한 식량 가격의 상승은 빈민들의 삶을 더욱 악화시킬 것이고, 이로 인해 지역 간 분쟁 또한 늘어날 전망입니다. 기후 전문가들은 기온이 2~3℃만 증가해도 식량 문제로 인한 전쟁이 일어날 가능성이 있다고 이야기합니다. 기후변화로 야기된 식량 부족과 식량 부족으로 인한 전쟁 때문에 삶의 터전을 떠나야 하는 사람들 역시 기후 난민이라고 할 수 있죠. UN 기후변화대책위원회 의장은 "기후변화를 막지 못하면 선진국으로 밀려드는 난민이 계속 늘어날 것이다."라고 경고하기도 했습니다.

하지만 기후 난민은 현재 국제법에 의해 난민으로 인정받지 못하고 있습니다. 1951년에 체결된 난민 지위에 관한 유엔협약에서는 난민을 "인종·종교·국적·특정 사회집단에서 소속 또는 정치적 견해를 이유로 박해를 받게 될 것이라는 충분한 이유가 있는 공포 때문에 자국 국적 밖에 있는 자 및 자국의 보호를 받을 수 없거나 또는 그러한 공포 때문에 자국의 보호를 받기를 원하지 않는 자"라고 정의하고 있습니다. 즉 기후변화로 인해 나타난 다양한 이유로 삶의 터전을 떠나야 하는 사람들은 난민의 범주에 포함이 되지 않는다는 뜻이죠.

우리가 다시 한 번 생각해봐야 할 기후 난민 문제의 핵심은 지구 온난화와 무관한 사람들이 희생되고 있다는 점입니다. 즉 기후변화의 주범인 지구온난화를 일으킨 책임이 거의 없는 가난한 나라들이 그 피해를 고스란히 떠안는 데 있습니다. 기후변화에 책임이 있는 나라들이 앞장서서 응당한 역할을 해야만 하는 이유입니다.

우리나라는 출생률 감소가 급격히 일어나고 있는 나라 중 하나입니다. 고령화의 속도 또한 빠르게 진행되고 있죠. 이에 우리나라는 낮은 출산율과 고령 인구의 증가로 인해 세계에서 가장 먼저 소멸될 국가로 언급되고 있습니다. 인구는 지리학에서 다루는 요소들 가운데 매우 중요한 요소 중 하나입니다. 인구는 곧 그 나라의 경제활동의 동력이 되는 만큼 매우 중요한 요인입니다. 사실 인구의 정착과 이동은 인류의 역사 발전과 밀접한 관련이 있죠. 특히 경제와는 떼려야 뗄 수 없는 중요한 요인입니다. 이에 여기에서는 인구와 관련된 이야기를 해보려고 합니다.

CHAPTER 04

인구와 경제

"인구 감소는 경제를 위태롭게 할까?"

경제학자들이 말하는
인구 이야기

근대 인류발전의 역사적 사건에서 빠지지 않고 등장하는 것이 바로 프랑스혁명과 산업혁명입니다. 이 두 사건을 계기로 우리 인류는 과거와는 비교할 수 없는 전혀 다른 차원으로의 도약을 이루었죠. 더불어 과거 그 어느 때보다 폭발적인 인구 증가가 나타난 시기이기도 합니다.

산업혁명 시대 인구를 바라보는 관점

1789년, 시민계급은 힘을 모아 오랜 세월 자신들을 억압해온 왕족과 귀족에 대항하여 혁명을 일으켰습니다. 자유, 평등, 박애 이념을 완성시킨 프랑스혁명을 두고 당시 유럽 사회는 두 가지 의견으로 나뉘었죠. 봉건적 억압에서 인류를 해방시켜 근대사회로 진압했다는 진보주의자들의 긍정적인 입장과 이성에 끌려 이상적인 사회를 만들고자 하는 것은 어리석은 짓이며, 이러한 시도는 좌절될 수밖에 없다는 보수주의자들의 부정적 입장이 대립한 것입니다. 이러한 진보와 보수진영의 의견 대립은 18세기 후반 산업혁명으로 인한 인구 문제를 바라보는 시각에서도 차이를 드러냈습니다.

산업혁명은 기계화를 통해 비약적인 생산 증대를 이루었습니다. 도시의 공장에 많은 노동력이 필요해지면서 농민들이 도시로 모여들기 시작했죠. 그런데 도시로 모여드는 사람들이 많아질수록 빈부격차는 점점 더 극심하게 나타났습니다. 우선 자본가들은 이들에게 낮은 임금만 주고도 고용할 수 있었습니다. 즉 노동력을 필요로 하는 자본가들의 수요보다 도시로 모여드는 노동자의 공급이 더 많았기 때문에 값싼 임금으로 얼마든지 필요한 노동력을 확보할 수 있었던 거죠. 결국 생산을 통한 이윤을 노동자와 나누는 것이 아닌 자본가들에게만 집중되는 현상이 나타나게 된 것입니다.

이들뿐만 아니라 일자리를 찾지 못한 빈민들을 포함해서 도시에 인구가 넘쳐나면서 자본을 소유한 소수의 부자들만 배부르고, 대다수의 시민들은 굶주리는 아이러니한 상황에 놓이게 되었습니다. 산업혁명으로 인해 경제가 성장하더라도 이렇게 많은 빈민들이 도시에 모여 있는 상황에서 과연 경제가 정상적으로 작동할 수 있을까 하는 의문이 들기 시작한 것입니다.

• 인구는 많을수록 좋다!

18세기 산업혁명 당시 대부분의 학자들은 인구가 많을수록 사회가 윤택해지고 부유해진다고 인식했습니다. 애덤 스미스(Adam Smith)의 생각도 이와 다르지 않았죠. 그는 인구가 많아질수록 사회적 분업이 더 활발해져서 1인당 노동생산성이 증가하기 때문에 경제에 긍정적인 영향을 미친다고 인식했습니다. 그는 《국부론》에서 "그 나라의 번영 정도를 가장 명확히 보여주는 기준은 인구 증가수이다."라고 쓰기도 했죠. 그리고 영국의 경제학자 윌리엄 페티(William Petty) 역시 "인구가 적다는 것은 곧 빈곤을 의미한다."라고 인구에 대한 낙관적인 주장을 펼쳤습니다.

또한 평등사회를 주장한 진보주의자들도 인구 문제에 대해 긍정적인 주장을 펼쳤습니다. 영국의 정치 철학자 고드윈(William Godwin)은 인간의 본성은 선하며, 인간의 이성과 과학의 발달로 인간의 삶은 영원히 발전할 수 있다고 주장했죠. 다만 정부가 만든 제도적 결함이 인간을 고통스럽게 한다고 주장하며, 정부의 개입을 비판했습니다. 또한 프랑스의 콩도르세(Condorcet, Marie Jean Antoine Nicolas De Caritat)는 과학 기술의 발전으로 식량은 증산되고, 인간의 이성적 억제로 인구는 더 이상 증가하지 않을 것이라고 주장하며, 역시 인구 문제에 대해 낙관적인 견해를 보였습니다.

• 아니다, 인구 증가는 결핍을 가져올 뿐이다!

모든 학자들이 이러한 의견에 동의한 것은 아닙니다. 앞선 이들과는 전혀 다른 입장을 취한 학자가 있습니다. 바로 맬서스(Thomas Robert Malthus)입니다. 그는 인구 문제에 대한 이러한 낙관론을 비판하며 "인구론"의 초판을 32살이 되던 1798년에 출판했죠. 이 책의 제목인 《인구의 원리에 관한 소론-고드윈과 콩도르세 및 기타 저술가의 연구를 논평하면서 장래의 사회 개선에 미치는 영향을 고찰함》[1]에

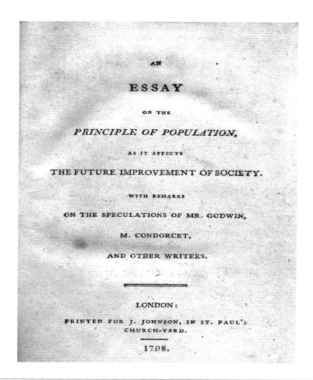

1798년 인구론 초판 표지
맬서스는 고드윈과 콩도르세의 이론을 비판하며 인구 문제를 부정적으로 바라보았습니다.

....
1. 원제: 'An Essay on the Principle of Population as It Affects the Future Improvement of Society, with Remarks on the Speculations of *M.Godwin, M.Condorcet,*and Other Writers

서 보듯이 맬서스는 고드윈과 콩도르세의 이론을 비판하면서 인구 증가 문제를 비관적인 입장에서 제시하였습니다. 특히 맬서스는 고드윈과 콩도르세가 주장한 평등사회를 《인구론》에서 다음과 같이 비판했습니다.

> 인류의 일부는 결핍으로 인해 고통받을 수밖에 없다. 이들은 인생의 복권에서 꽝을 뽑은 사람들로, 지금과 같이 인구가 늘어난다면 정부의 지원을 원하는 사람들은 계속해서 증가할 것이며, 그들에게 지원해줄 수 있는 잉여 생산물은 원하는 수요를 감당하지 못할 것이다 … 박애로 인해 사회가 움직인다면 그들이 기대하는 행복을 얻지 못할 것이다. 지금은 일부가 결핍으로 고통받지만, 박애로 인해 사회가 움직인다며 사회 전체가 고통 받을 것이다.

이상과 같이 맬서스는 불평등한 사회는 어쩔 수 없는 것이라는 주장을 펼쳤습니다. 맬서스는 인구의 증가가 식량의 증가보다 많지 않아 균형이 이루어지고 빈곤이 없다면 인간은 나태함으로 인해 자연의 야만적인 모습에서 벗어나지 못했을 것이고, 인간 문명이 발달할 수 있었던 것은 빈곤이라는 압력이 가해졌기 때문이라고 주장했습니다.

이러한 맬서스의 생각은 인간이 살아가는 사회를 마치 자연의 동물들이 살아가는 사회와 마찬가지로 바라보고 있는 듯합니다. 자연계의 동물들을 연구한 찰스 다윈(Charles Darwin)은 《종의 기원

(1859)》을 집필할 때, 실제로 《인구론》에서 영감을 받았다고 전합니다. 《종의 기원》 서문에는 이렇게 쓰여 있죠.

제3장에서는 이 세상의 생물들이 보여주는 개체수의 증가율로 인해 나타나는 생존 투쟁을 제시할 것이다. 이는 맬서스의 원리를 동물과 식물 개체에 적용한 것이다. 자연계에서는 살아남을 수 있는 수보다 많은 생명들이 태어나 생존 투쟁이 반복적으로 일어난다.

《종의 기원》의 핵심이라고 할 수 있는 자연도태(natural selection)는 바로 맬서스의 이론에서 나온 것이기도 합니다.

맬서스는 무엇을 우려한 걸까?

맬서스의 이야기를 좀 더 해볼까요? 맬서스는 인구 문제를 본격적으로 이론화하여 정리한 사람이기도 합니다. 맬서스의 인구론이 주목을 받는 이유는 기존의 인구에 대한 생각들을 비판적으로 바라보고 새로운 접근으로 문제를 해결하려고 했다는 점 때문이죠. 이러한 접근법에 대해 경제학자 케인즈는 초판 인구론이 논쟁으로서의 예리함을 보여줬다며 찬사를 보내기도 했습니다.

《인구론》의 주요 내용을 정리하면 인간의 생존을 위해 식량은 반드시 필요하며, 인간은 혼인을 통해 출산을 계속할 수밖에 없다는 것입니다. 그러나 식량 생산은 산술급수적으로 증가하고, 인구는 기하급수적으로 증가하기 때문에 전 인류를 다 먹여 살릴 수 있는 작물을 생산할 수는 없으므로 인위적으로 인구 성장을 제한하는 방안이 필요하다는 것입니다.

기하급수와 산술급수

산술급수는 '1, 3, 5, 7…'처럼 어떤 수에 차례로 일정한 수를 더해서 만들어지는 수들이고, 기하급수는 '2, 4, 8, 16…'처럼 어떤 수에서 시작하여 차례로 일정한 수를 곱해서 만들어지는 수들을 말한다.

맬서스는 인구를 억제하는 방안으로 예방적 억제와 적극적 억제를 제시하였습니다. 예방적 억제책은 인구 증가를 억제하기 위해서 출산을 줄이려는 방안으로 남녀가 결혼하는 시기를 늦추는 만혼이 대표적입니다. 즉 결혼생활을 유지하고, 아이를 키울 만한 경제력을 가질 때까지 결혼을 하지 말라는 주장이죠. 실제로 이 주장 이후로 당시 영국 사회에서 중산층의 경우에는 출산율이 감소하기는 했지만, 정작 대상으로 지목한 빈민층은 오히려 결혼을 빨리하거나 만혼을 지키지 않아서 효과성이 떨어졌습니다. 맬서스는 소극적 억제책으로 인구 조절에 실패하면 적극적 억제책을 통해 인구를 효과적으로 줄일 수 있다고도 언급했습니다. 그러나 그 방법이 참으로 잔인합니다. 왜냐하면 전쟁, 자연재해, 기아, 질병 등으로 인위적인 사망률을 늘려서 인구를 줄일 수 있다는 내용이니까요.

맬서스는 인구론을 기반으로 구민법을 폐지해야 한다고 강력히 주장했습니다. 구민법은 오늘날로 말하자면 기초생활 보장제도와 같은 것인데, 맬서스가 인구론을 집필할 때 영국 정부는 가난한 사람들에게 주는 지원금을 상향하는 개혁을 추진했습니다. 맬서스는 바로 이러한 지원 정책에 극구 반대한 거였죠.

맬서스는 구민법의 시행으로 인해 빈곤한 사람들이 일시적으로 생활 수준이 향상될 수 있을지는 모르지만 임시방편에 불과하다고 주장했습니다. 왜냐하면 최소한의 경제적 생활을 보장해주면 빈민들은 결혼을 늦추지 않고 출산을 지속할 것이기 때문에 결국 인구가 지속적으로 증가하여 빈민들의 생활은 이전과 다르지 않은 상태로 돌아갈 것이라고 본 거죠. 이러한 상황이 되면 결국 전쟁, 기아, 질병 등으로 인구가 억제되어야 하는 극단적 상황에 이르기 때문에, 빈민들이 가족을 부양할 능력을 갖추지 못하면 결혼을 늦추고 출산을 하지 않아야 하고, 그러기 위해서는 구민법을 폐지해야 한다는 것이 맬서스의 주장입니다.

하지만 이러한 맬서스의 주장에 대한 반론도 만만치 않습니다. 맬서스 주장의 핵심은 인구는 기하급수적으로 늘어나고, 식량은 산술급수적으로 늘어난다는 것입니다. 그런데 실제로 인구가 기하급수적으로 늘어난 사례는 미국을 제외하고 세계 어느 곳에서도 일어나지 않았으며, 미국 역시 출산으로 인한 증가가 아닌 이민자의 유입에 따른 사회적 증가이기 때문에 맬서스의 주장은 오류가 있다는 것입니다. 또한 식량은 품종 개량과 농기구 개량, 생산 방식의 개선 등 녹색혁명(green revolution)을 통해 수확량이 획기적으로 늘어나게 되었습니다. 따라서 혹시 인구가 기하급수적으로 늘어나더라도 기술의 발달에 따른 식량 생산의 증가로 인해 맬서스가 우려했던 문제는 발생하지 않을 것이라고 주장합니다.

하지만 맬서스의 《인구론》은 당시 최초로 인구 문제에 관해 체계적으로 접근하여 문제 제기를 하였다는 점에서 큰 의의가 있습니다. 또한 아프리카의 개발도상국처럼 경제성장률보다 높은 출산률로 낙후된 생활 수준을 보여주는 국가들에서는 맬서스가 주장한 인구 문제가 많이 발생하는 것이 현실이니까요. 실제로 이 국가들은 맬서스의 제안에 따른 인구 억제 정책을 실시하고 있는데, 이를 '신맬서스주의'라고 합니다.

맬서스와 리카도의 논쟁, 관건은 '교역'

맬서스는 식량 생산이 인구 증가를 따라가지 못한다고 단정하였지만, 당시 영국을 포함한 유럽이 산업혁명으로 공업사회로 진입하면서 공산품과 농산물의 교역을 통해 식량 생산에 대한 문제를 해결할 수 있다는 주장이 등장했습니다. 즉 농업 생산량은 산술급수적으로 증가 속도가 빠르지 않지만, 기계화를 통한 공업 생산량은 기술 수준의 향상으로 증가 속도가 매우 빠르게 나타날 수 있다는 거죠. 그렇다면 유럽에서는 공업을 통해 공산품을 생산하고, 다른 나라에서 농산물을 수입함으로써 식량과 인구 증가 속도 차이의 문제를 해결할 수 있을 것이라고 주장했습니다. 이러한 지점을 지적한 사람이 경제학자 리카도(David Ricardo)입니다. 그는 자유무역을 통해 영국이 국제 경쟁력을 가지고 있는 자국 공산품을 수출하고, 외국에서 농산물을 수입하면 영국에게 이익을 가져올 수 있으므로 농산물에 대한 관세를 철폐할 것을 주장했습니다. 하지만 맬서스는 이러한 리카도의 주장에 다음과 같이 반박했습니다.

교역을 통해서 농산물을 수입하면 초기에는 일시적으로 국내에서 소비할 수 있는 식량이 늘어날 것이다. 하지만 공업은 생산량을 늘리면서 규모가 커지면 생산성에는 크게 변화가 없지만, 농업은 새로운 토지를 개척하고 농업 면적을 확대하면 생산성이 떨어질 것이다. 이는 곧 농산물의 가격을 상승시키게 되고, 공산품과 농산물을 교역하는 조건이 불리해지면서 식량 문제는 또다시 나타날 것이다.

맬서스는 이렇게 주장하며 교역은 인구 문제의 근본적인 해결책이 될 수 없다고 했습니다. 실제로 1870년대에 유럽의 인구가 급증하면서 많은 사람들이 신대륙으로 이주했고, 신대륙을 개척하면서 식량 생산량이 크게 늘어났습니다. 식량 생산의 증가는 식량 가격의 하락으로 이어졌고, 공산품과 농산물의 교역에서 공산품이 유리한 조건으로 교역이 되면서 유럽은 번영을 누릴 수 있었죠. 그리고 이러한 번영은 결국 유럽의 인구를 크게 증가시켰습니다.

특히 농업국에서 공업국으로 빠르게 전환한 독일은 1870년에 4,000만 명이었던 인구가 1914년에는 무려 6,800만 명으로 실로 엄청난 속도로 증가했죠. 결국 국내에서 이러한 인구 증가를 수용할 수 없었던 독일은 영토 확장을 위한 팽창주의 노선으로 돌아서며 세계대전을 일으키게 되었고, 그 결과 인구는 예전 수준으로 돌아왔습니다. 비록 맬서스가 리카도와 논쟁한 교역의 조건에 대한 예언은 틀렸지만, 인구 증가의 문제를 전쟁이 해결할 수 있다는 주장만큼은 증명했다고 볼 수 있습니다.

케인즈와 인구 감소의 시대

맬서스는 1776년 농장을 경영하는 가정의 둘째 아들로 태어났습니다. 그러한 배경 때문인지 몰라도 맬서스는 지주 계급을 옹호하는 입장에서 《인구론》을 집필하였습니다. 예컨대 지주들의 사치스러운 소비가 영국 사회에 아무런 도움이 되지 못한다는 비판에 대해 맬서스는 지주 계급의 이러한 소비활동은 고용을 창출하며 경제 활성화에 기여할 수 있다며 반박했으니까요. 이러한 주장에 대해 당시 사람들은 지주 계급을 옹호하는 보수주의자라고 비난하기도 했지만, 100년이 지난 후에 영국의 경제학자 케인즈는 그의 이러한 생각이 옳았다고 주장했습니다.

인구 과잉의 문제로 논쟁을 벌이던 영국은 1920년대로 접어들면서 다시 인구 감소가 화두가 됩니다. 이때 경제학자 케인즈(John Maynard Keynes)는 "인구 감소의 시대에 접어들면서 영국이 큰 변화를 경험하게 될 것이다."라고 말했습니다. 그는 인구가 줄어들수록 투자는 줄어들 수밖에 없기 때문에, 이를 해결하기 위한 방안으로 소비를 강조했습니다. 공장에서 많은 물건을 만들어내더라도 팔리지 않는다면, 이러한 수요 부족이 실업자를 양산하고 다시 공장의 기계 설비를 멈춰야 하는 불황에 빠뜨리게 된다는 거죠.

케인즈는 인구가 감소하는 상황에서 실업 문제를 해결하고 삶의 질을 높이기 위해서는 소비를 늘리는 것이 중요하다고 주장했습니다. 또한 투자를 대신할 유효 수요를 창출하기 위해서는 일반 대중이 소비를 더 많이 할 수 있도록 소득의 재분배가 이루어져야 한다고 주장했죠.

또한 케인즈에 따르면 재화의 공급은 그 스스로 수요를 창조할 수 있다는 세이의 법칙(Say's Law)과는 정반대로 총 공급의 크기는 총 수요의 크기에 의해 결정된다고 보았습니다. 재고가 생겨나고 실업이 발생하는 것은 모두 수요가 부족한 것이므로 유효수요를 창출해야 하는데, 이를 위해서는 정부 차원에서 적극적으로 재정을 투입하고 소득을 재분배하는 식의 개입이 꼭 필요하다고 주장한 거죠.

복지 대국 스웨덴을 만든 빅셀과 미르달

스웨덴은 전 세계적으로 복지국가로 널리 알려져 있습니다. 그런데 스웨덴이 오늘날의 복지 대국이 될 수 있었던 배경에는 오래전부터 인구 문제를 연구한 사람들이 있었기 때문입니다. 그중 가장 대표적인 사람이 바로 이론 경제학자 빅셀(Knut Wicksell)입니다.

20세기 초에 빅셀은 인구의 증가와 감소 문제를 넘어 최적인구라는 개념으로 인구 문제에 접근했습니다. 최적인구는 한 사람이 받을 수 있는 복지 수준을 최대로 유지할 수 있는 인구를 말합니다. 바꿔 말해 적정인구 이상으로 늘어나게 되면 복지 수준이 떨어진다는 주장입니다.

빅셀은 20세기 초 유럽의 대부분 국가들은 최적인구 수준을 넘었기 때문에 산아제한 정책과 같은 강력한 인구 감소 정책이 필요하다고 주장했습니다. 또한 인구 감소 정책으로 인해 사회가 소멸할 것이라는 많은 학자들의 우려에 대해 지나친 기우라고 반박하며, 만약 인구가 늘어나기를 원한다면 재정적인 지원을 통해 출산율은 쉽게 높일 수 있다고 주장했죠. 최적인구를 위해서 출산율을 낮춰야 한다는 주장에 대해 찬반 의견이 있을 수 있지만, 빅셀이 복지 수준을 유지하기 위해 인구 정책이 필요하다는 관점은 오늘날의 북유럽을 복지대국으로 만든 뿌리가 되었습니다.

하지만 20세기에 들어서면서 인구의 감소 현상은 본격화되었습니다. 이는 1인당 소득이 증가하는 것이며, 맬서스가 주장한 과잉

인구의 문제에서 벗어나는 인구 문제의 청신호로 받아들여졌죠. 하지만 스웨덴의 또 다른 경제학자 군나르 미르달(Gunnar Myrdal)은 인구 감소를 막아야 한다고 주장했습니다.

미르달은 적극적으로 산아제한 정책을 없애야 한다고 주장하는 것은 아니지만, 출산에 대해서는 개인의 자유를 최대한 보장해야 한다고 주장했죠. 노인의 복지문제를 가족의 책임에서 사회의 책임으로 전환하듯이, 출산과 육아에 대해서도 가정의 부담을 줄여주고 사회적 책임을 강화해야 한다고 주장했습니다. 20세기 초 미르달은 이러한 정책 실현을 위한 구체적인 방안으로 양육과 육아를 위한 재정적 지원과 보육원 시설 확충을 제시하면서, 일반 시민들이 출산과 육아에 대해 가질 수밖에 없는 부담감이라든가 어려움의 요소들을 제거하면 자연스럽게 결혼과 출산을 할 것이라고 주장했습니다. 인구 문제에 대한 이러한 접근은 1930년대 스웨덴의 인구 정책에 반영되어 복지국가 스웨덴을 만들었다고 할 수 있습니다. 아울러 오늘날 우리나라의 출산 및 육아 정책도 80년 전 미르달의 생각을 적잖이 반영하고 있다고 할 수 있습니다.

대한민국이
늙어가고 있다!

여러분도 아마 고령사회라는 말
을 들어보았을 것입니다. 쉽게 말해 사회가 늙어가고 있다는 뜻이
죠. 그리고 사회가 늙어가는 데 지대한 영향을 미치는 요인 중의 하
나가 바로 합계출산율의 감소입니다.

대한민국 국민이 지구에서 사라진다고?

합계출산율이란 한 여성이 가임기간(15~49세) 동안 낳을 것으로 기
대되는 평균 출생아 수를 말하는데, 우리나라의 합계출산율은
2018년 기준으로 0.98명입니다. 비록 세계에서 합계출산율이 가

장 낮은 국가라고 하지만 다행히도 아직 우리나라의 인구는 증가하고 있습니다. 출생자 수에서 사망자 수를 뺀 순수하게 증가한 인구 수를 살펴보면, 출생자 수가 줄고 있지만 아직까지는 사망자 수보다는 많기 때문에 여전히 인구의 자연 증가는 양(+)의 값을 나타내고 있는 것입니다. 하지만 그마저도 2032년이 되면 사망자 수가 출생자 수가 같아질 것으로 예상되며, 그 이후 우리나라는 인구가 감소하는 국가가 될 것입니다. 만약 우리나라가 지금처럼 저출산이

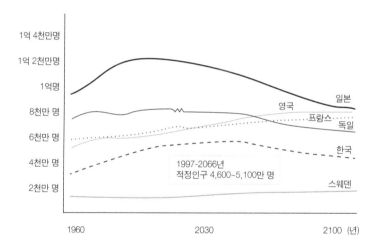

※자료: 1960-2015: 월드 뱅크, 2015-2100: UN

국가별 인구 변화 및 전망(재인용: 《인구전쟁 2045》)
저출산과 고령화는 전 세계적인 현상입니다. 특히 우리나라의 고령화 속도는 매우 빠르게 진행되고 있다고 합니다.

지속되면 인구가 계속해서 감소하다가 2750년 지구에서 가장 먼저 소멸될 것이라고 경고하고 있죠.

저출산과 고령화는 이미 전 세계에서 공통적으로 나타나는 현상입니다. 우선 경제성장을 위해서 무조건 출산율을 높여 인구를 증가시켜야 한다는 인식에서 벗어나는 것이 필요합니다. 인구가 경제발전의 중요한 축인 것은 맞지만, 오직 경제발전만을 위한 수단이나 도구로서의 인구가 아닌 삶의 질을 만족시킬 수 있는 범위에서 우리나라의 적정인구를 찾고 이러한 상태를 유지할 수 있는 방안을 찾아야 하지 않을까요?

인구학적 관점에서 적정인구는 유소년 부양비와 노년 부양비를 합한 값인 총 부양비를 통해서 산출하게 됩니다. 이를 바탕으로 산출한 우리나라의 적정인구는 4,600만~5,100만 명 정도라고 합니다. 국가별 인구 변화 및 전망 그래프를 보면 우리나라는 2066년까지는 적정인구(4,600만~5,100만 명)를 유지하겠지만, 그 이후에는 적정인구 아래로 떨어질 것으로 예상됩니다.

적정인구 수준을 지켜내려면 앞으로 우리나라의 합계 출산율은 1.8~2.4명으로 유지되어야 합니다. 하지만 앞서 언급한 대로 이미 2018년 합계출산율이 0.98명으로 나타나 적정인구 수준을 유지하기에는 턱없이 부족한 형편입니다. 만약 합계출산율이 더 떨어진다면 적정인구에 미치지 못하는 시기는 더욱 빨라질 것입니다. 그렇다면 어떻게 해야 세계 최하위 수준인 출산율을 다시 끌어올릴 수 있을까요?

아빠의 육아휴직이 당연한 나라

과거에는 결혼과 출산이 순리처럼 인식되었습니다. 성인 남녀는 때가 되면 결혼해서 아이를 낳고 부모가 되는 게 당연했죠. 하지만 요즘에는 결혼도 출산도 개인의 선택 문제로 보는 시각이 우세해졌습니다. 특히 결혼한 부부들 중에서도 여러 가지 이유로 출산을 미루거나 꺼리는 경우가 많습니다.

출생률을 높이기 위해서는 결혼한 부부들이 출산을 늦추거나 망설이는 문제점들부터 제거되어야 할 것입니다. 어쩌면 우리보다 먼저 저출산을 경험한 국가들의 인구 정책을 통해서 그 해답을 찾아볼 수 있을지 모릅니다.

먼저 유럽은 1990년대 이미 저출산을 경험하였고, 2000년 이후 정부의 다양한 정책으로 인해 출산율이 높아지기 시작했지만, 인구 대체 수준에 미치지 못하고 있습니다. 1970년 이후 합계출산율이 2.1명인 인구대체 수준 이하로 떨어졌고, 프랑스와 북유럽 국가들이 합계출산율 2명에 가까이 있는 수준이며, 나머지 국가들은 그에 한참 미치지 못하고 있죠.

특히 남부유럽과 동부유럽은 경제적 형편이 그리 좋지 못한 편입니다. 이러한 경제적 어려움 때문인지 몰라도 출산을 포기하는 사람의 비율이 북유럽에 비해 월등히 높습니다. 또한 출산으로 인한 경력단절을 우려하는 것도 북유럽에 비해 높은 편이죠. 이들 국가의 정부 정책은 출산을 장려하기 위한 단기적인 축하 장려금과 경제적 지원에 그치는 경우가 많은데, 정부 정책과 출산율의 영향에 대한 연구 결과에 의하면 출산에 대한 경제적 지원금은 이미 출산을 계획하고 있는 부모가 출산을 좀 더 빨리 하는 데는 영향을 줄지 몰라도 아예 출산 계획이 없는 사람에게는 효과가 없는 것으로 나타났다고 합니다. 즉 일시적인 경제적 지원에 의존한 출산장려 정책은 의미 있는 효과를 기대하기는 어렵다는 것을 보여줍니다.

한편 가족복지에 투자를 많이 한 북유럽의 경우 출산율이 높게 나타나고 있습니다. 북유럽은 육아휴직을 보장하고, 국가적 차원의 보육 서비스를 제공하므로 출산에 따라 여성이 포기해야 하는 기회비용이 낮습니다. 또한 남성에 대한 육아휴직을 보장하면서 남성이 육아에 적극적으로 참여하는 사회 분위기를 조성하여 양성평등 정도도 높죠. 이러한 점을 고려해보면 일회성 자금 지원보다는 직장과 가정의 조화를 이룰 수 있는 사회적 분위기와 문화를 만드는 것이 우선적으로 필요함을 알 수 있습니다. 그리고 이러한 가족복지에 지속적으로 투자하는 것이 궁극적으로 출산율을 높이는 경험적으로 증명된 방법이라고 할 수 있을 것입니다.

인구 변화에 따라 산업은 어떻게 변화하는가?

우리나라는 2017년을 기점으로 65세 이상 노년층의 인구가 전체 인구의 14%가 넘는 고령사회(aged society)에 접어들었습니다. 우

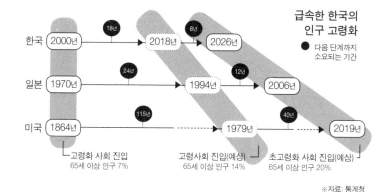

급속한 한국의 인구 고령화

● 다음 단계까지 소요되는 기간

한국	2000년	18년 → 2018년	8년 → 2026년
일본	1970년	24년 → 1994년	12년 → 2006년
미국	1864년	115년 → 1979년	40년 → 2019년

고령화 사회 진입
65세 이상 인구 7%

고령사회 진입(예상)
65세 이상 인구 14%

초고령사회 진입(예상)
65세 이상 인구 20%

※자료: 통계청

초고령사회(super aged society) 진입 속도
우리나라의 고령화 속도는 점점 더 빨라지고 있습니다.

리나라가 다른 나라에 비해 고령사회로 접어드는 시기가 빠른 것은 상대적으로 출생률이 감소하는 속도가 빠르기 때문입니다.

이미 고령사회에 접어든 우리나라는 전체 인구 100명 중 14명이 65세 이상으로 노년층이 차지하고 있죠. 이는 노년층의 인구가 늘어난 것뿐만 아니라 젊은 연령층의 인구가 감소한 것이 반영되었다고 할 수 있습니다. 이러한 인구의 변화는 산업 전반의 변화를 초래하게 됩니다. 그리고 이러한 변화는 이미 우리의 일상생활 주변에서도 쉽게 관찰되고 있죠. 예컨대 유소년과 청장년층을 대상으로 하는 산업들은 침체하는 추세고, 노년층을 대상으로 하는 업종들의 증가세가 두드러지게 나타나고 있습니다.

젊은 층의 대상으로 하는 결혼식장과 산부인과는 크게 줄어들었습니다. 2015년 통계에서 5년 동안 개업한 산부인과는 296개이고,

폐업한 산부인과는 520개에 달한다고 합니다. 전국적으로 2012년 대비 2017년 산부인과의 수는 18%나 감소하여 740곳이 남아 있다고 합니다. 강남의 결혼식장도 2017년 통계에 따르면 1년 만에 약 34%가 감소하여 100개가 남아 있습니다. 특히 이러한 업종들은 폐업을 하면 워낙 규모가 크고, 공간 이용상 다른 업종으로 쉽게 전환하기가 어려워서 자칫 공실로 남겨질 가능성이 크기 때문에 건물주들이 가장 선호하지 않는 업종이라고 합니다. 그뿐만 아니라 학교를 다니는 학생 수가 줄어들면서 한때 성업했던 학원이나 독서실 같은 업종은 폐업이 크게 늘고 있다고 합니다.

반면 노년층을 대상으로 하는 업종은 꾸준한 증가세를 보이고 있습니다. 특히 농촌의 결혼식장은 앞에서 언급한 것보다 더욱 심각하게 불황을 맞아 아예 결혼식장을 장례식장으로 변경하는 곳도 많다고 합니다. 실제로 전국의 장례식장은 2000년 465개에서 2015년 1,037개로 2.5배 증가했습니다. 요양병원의 수도 2010년 대비 2017년에 2배 증가한 1,512개가 있으며, 이 기간 동안 노인층이 주로 찾는 한의원의 숫자도 14,047개로 3,000개 이상 증가했습니다. 요즘 TV 프로그램을 보면 노년층을 대상으로 하는 프로그램들이 꽤 많습니다. 예전에는 〈6시 내고향〉 정도가 기억에 남는 노년층 대상 프로그램이었다면, 요즘은 상당수 드라마의 소재나 내용, 예능프로그램의 MC나 주인공들도 노년층을 주요 대상으로 하고 있죠. 이것은 우리나라의 인구 구조의 변화가 자연스럽게 문화 콘텐츠 산업에 반영된 결과라고 볼 수 있습니다.

저출산과 고령화, 더 자세히 들여다보기

우리나라의 저출산과 고령화 문제에 대해서는 이미 많은 국민들이 공감과 인식을 함께하고 있습니다. 아울러 정부도 그에 대해 적극적으로 대응하며 우리나라의 인구 감소 현상에 대한 준비를 하고 있죠. 하지만 스케일을 달리해서 이 문제를 들여다보면 우리가 놓치고 있던 부분을 발견할 수 있습니다.

• 인구절벽과 지방소멸

우리나라는 20대 이전의 유아, 청소년, 청년층을 일컫는 '후속 인구'가 감소하고 있어 인구절벽이 예상됩니다. 후속인구의 감소는 우리 사회를 크게 변화시키고 있는데, 그 변화가 가장 먼저 나타나는 곳이 농촌입니다. 농촌은 청년층의 도시 이주로 노년층의 비중이 상대적으로 높아서 학교는 축소되거나 없어지고, 지역의 상권은 무너지고 있죠. 이는 다시 청장년층이 도시로 떠나거나 농촌으로 유입되지 못하는 원인이 되고 있어 악순환의 고리가 되었습니다. 지금 농촌은 인구가 지나치게 적은 '과소 마을', 존속 자체가 어려운 마을이나 공동체인 '한계 취락'이 등장하고 있습니다.

이와 관련하여 지방소멸이라는 용어가 있습니다. 이 말은 전 일본 총무장관 마스다 히로야가 작성한 일본 농촌의 인구 문제에 관한 보고서에서 처음 사용한 것인데, 젊은 여성인구의 수도권 유출이 지방의 소멸을 가져올 수 있다는 것이 핵심적인 내용입니다. 이

인구절벽

미국의 경제학자 해리 덴트(Harry Dent)가 그의 저서에서 소비를 가장 활발하게 하는 45~49세의 인구가 급속히 줄어들고 있는 현상을 설명하는 용어로 처음 사용하였다. 최근 신문기사 제목으로 '인구절벽(Demographic Cliff)'이라는 용어가 자주 등장하는데, 우리나라에서는 좀 더 포괄적으로 적용해서 생산 가능 인구(15~64세)의 감소를 인구절벽으로 설명하는 경우가 많다. 실제 통계자료를 보면 우리나라의 생산 가능 인구는 2017년부터 감소하기 시작했고, 해리 덴트도 2015년 세계 지식 포럼에서 한국이 인구절벽에 직면했으며 경제 불황이 우려된다고 주장했다.

내용을 근거로 2015년에 한국고용정보원의 이상호 연구원이 '소멸위험지수'를 착안했죠. 이 지수는 어느 지역의 20~39세 여성 인구수를 해당 지역의 65세 이상 고령 인구수로 나눈 값입니다. 이 값이 낮을수록 지역이 소멸할 가능성이 높다는 의미인데, 만약 0.5 이하의 값을 나타내는 지역은 소멸 위험지역으로 분류되죠. 이러한 지역은 가임여성 인구수가 노년층의 절반이 되지 않아 지속적으로 인구가 감소하여 사라질 수 있다는 것을 의미합니다. 우리나라의 경우 2018년 7월 조사에서 전국 228개 시군구 중 39%인 89개가 소멸위험지역인 것으로 나타났습니다.

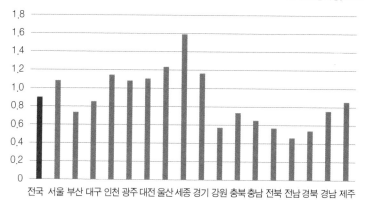

소멸 위험지수

소멸 위험지수가 낮을수록 소멸할 가능성이 높은 지역을 의미합니다.

2018년 전국 16개의 광역시도별 소멸 위험지수를 보면 전국 평균이 0.91이고, 서울, 인천, 광주, 대전, 울산, 세종, 경기는 지수가 1 이상이지만, 광역시 단위에서 부산(0.76)과 대구(0.87)는 1 이하의 값을 나타냈고, 경기도를 제외한 모든 도(道)단위 지역은 1 이하의 값을 나타냈습니다. 특히 농업을 기반으로 하는 전남(0.47)은 소멸 위험지역으로 분류되었죠.

전남을 포함한 우리나라 모든 농촌 지역의 소멸 위험지수는 낮게 나타나고 있으며, 머지않은 시점에 소멸할 가능성이 높습니다. 앞에서 이야기했듯이 이러한 농촌의 인구 부족은 지역의 상권이 유지되지 못하여 투자가 이루어지지 않으며, 공공기관과 편의시설도 부족해 지역주민들의 삶의 질이 떨어질 수밖에 없습니다. 이러한 농촌

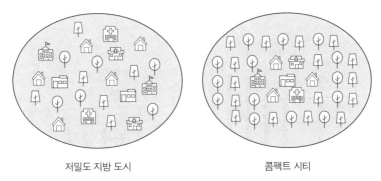

저밀도 지방 도시　　　　　　　　콤팩트 시티

콤팩트 시티
인구밀도가 낮은 지역들을 모아 새로운 마을을 만드는 콤팩트 시티를 통해 인구밀도를
증가시킬 수 있습니다.

지역의 문제를 극복하기 위한 방안은 우리보다 먼저 이러한 문제를
경험한 일본에서 그 해답을 찾을 수 있을 것 같습니다.

　인구가 줄어드는 시골 마을의 경우에는 관공서나 학교, 미술관,
경찰서 등의 공공시설을 유지하는 데 비용 부담이 그만큼 커질 수
밖에 없습니다. 이에 일본에서는 인구밀도가 낮은 마을들을 폐쇄
하고 그 지역 사람들을 한곳으로 모아 새로운 마을을 만드는 **콤팩트
시티**(compact city) 프로젝트를 진행함으로써 인구밀도를 증가시키려
고 합니다. 적정인구가 유지될 때 사회보장 및 시스템이 원활하게
운영될 수 있기 때문이죠. 또한 인구밀도가 높아지면 상권이 유지
될 수 있기 때문에 상업시설들을 유치할 수 있다면 자연스럽게 인
구 유입을 유도하게 될 것입니다.

• 경제학자들이 바라본 우리나라의 인구 문제

'덮어놓고 사다 보면 거지꼴을 못 면한다!' 최근 광고에 등장하며 우리에게도 익숙한 이 표현은 사실 1964년 정부에서 제작한 가족계획 홍보 영상의 일부를 패러디한 것입니다. 원래의 문구는 '덮어놓고 낳다 보면 거지꼴을 못 면한다'였죠.

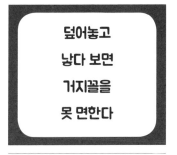

인구표어
표어에서 짐작할 수 있듯이 수십 년 전까지만 해도 우리나라는 정책적으로 출산율을 제한했습니다.

1960년대만 해도 우리나라의 가구당 출생자 수는 무려 6명이 넘었습니다. 그만큼 다자녀 가구의 비율이 높았죠. 그래서 인구가 늘어나는 것을 막기 위해 3살 터울로, 3명의 자녀를 35세 이전에 낳자는 '3·3·35 운동'을 정부 차원에서 벌이기도 했습니다. 1970년대 들어서는 '아들 딸 구별 말고 둘만 낳아 잘 기르자!'라는 표어가 말해주듯이 2자녀 갖기 정책을 펼쳤습니다.

하지만 산아제한 정책에도 불구하고 우리나라 인구는 계속해서 증가해 1983년 4천만 명이 넘어섰고, 1986년에는 급기야 3째 자녀부터 주민세와 의료보험료를 추가 부담시키면서 한층 강력한 인구 억제 정책을 시행했죠. 말하자면 우리나라는 1960년대부터 1990년대까지 맬서스가 예상한 인구 증가가 식량 증가를 앞서는 문제가 나타난 것이며, 이를 억제하기 위해 정부가 맬서스의 소극적 억제책을 사용했다고 볼 수 있습니다.

그런데 불과 얼마 지나지 않은 2000년에 들어서면서 우리나라는 저출산과 고령화에 따른 인구 감소 문제에 직면하게 됩니다. 2000년에 처음으로 출산 장려금을 지급하기 시작했고, 지자체들이 앞다투어 출산율을 높이기 위한 금전적 지원 방안을 내놓았죠. 초창기의 이러한 정부 정책을 살펴보면 금전적 지원을 하면 출산율을 쉽게 높일 수 있을 것이라는 스웨덴 경제학자 빅셀과 유사한 인식을 갖고 있었다고 판단됩니다. 하지만 이러한 정책에도 불구하고 교육비 부담, 육아 시설 부족, 여성의 경력단절 등의 문제로 출산율은 쉽게 높아지지 않았습니다.

최근 들어 출산 장려 정책은 단순한 금전적 지원을 넘어 일과 가정이 양립할 수 있는 문화를 조성하고, 가족복지를 최우선으로 하는 정책으로 변화하고 있습니다. 보육 문제를 해결하기 위한 유치원 입학관리 시스템 '처음 학교로' 운영과 하루 2시간의 육아시간 운영 등은 자녀를 양육하면서 발생할 수 있는 문제를 제거해주는 정부의 정책이라고 볼 수 있죠. 그리고 주 52시간으로 근로 시간을 단축하고, 남성 육아휴직을 장려하기 위한 '아빠의 달' 제도를 운영하는 것은 남성이 육아에 적극 참여하는 사회 분위기를 조성함으로써 출산을 기피하는 문제 해결을 기대하는 정책이라고 할 수 있을 것입니다. 지금 우리나라가 시행하고 있는 이러한 가족 중심의 인구 정책은 모두 1930년대 스웨덴의 미르달의 주장을 적극적으로 받아들인 것이라고 볼 수 있습니다.

마지막으로 정부가 최저임금을 인상하고, 각종 연금과 수당을 통해 소득을 보강해주는 등의 '소득주도성장 정책'을 펼치고 있습니다. 이러한 정책은 중하위 계층 사람들의 소득을 높여 소비가 늘어나도록 하고, 이에 따라 생산과 투자가 늘어나 일자리가 늘어나는 선순환을 기대한 것입니다. 즉 이는 케인즈가 인구 감소 시대에 경제를 성장시킬 수 있는 방안으로 제시한 유효수요이론을 반영한 정책이라고 할 수 있습니다.

뉴스에서만 보던 소득주도성장이라는 말이 실상 우리의 인구와 경제와도 밀접한 관련이 있다는 것을 알게 되었나요? 지리에서는 인구 현상이 매우 중요한 요소로 간주됩니다. 그리고 인구는 경제와 떼려야 뗄 수 없는 아주 밀접한 관계에 있습니다.

우리나라 현대의 청년층은 스스로를 '3포세대'라고 부른다고 합니다. 바로 연애와 결혼, 출산을 포기했다는 뜻인데요. 사회에 나올 때부터 학자금 대출의 무거운 짐을 짊어져야 하는 이들은 둔화된 경제성장 속에서 양질의 일자리를 구하는 것조차 점점 어려워지는 가운데 경제적 부담 때문에 연애나 결혼, 출산을 사치라고까지 생각한다고 합니다. 참으로 슬픈 현실이 아닐 수 없습니다. 앞으로 우리 사회가 좀 더 나은 방향으로 나아가기 위해 어떤 노력이 필요한지 모두가 함께 고민해볼 때입니다.

여러분은 어떤 음식을 좋아하나요? 취향은 제각각이겠지만, 어쩐지 여러 가지 가공식품이나 패스트푸드를 즐겨 먹는 친구들이 많을 것 같습니다. 그런데 혹시 밥상 위에 올라오는 여러 가지 먹거리와 여러분이 평소 즐기는 다양한 먹거리들이 과연 어떠한 공정을 통해 우리 소비자에게로 오는지에 관해 생각해본 적이 있나요? 여기에서는 먹거리의 생산과 유통이 우리의 지구와 인간의 미래에 어떤 영향을 미치는지에 관해서 살펴보려고 합니다.

CHAPTER 05

먹거리의
생산과 유통

"우리가 먹는 음식이 우리의 내일을 바꾼다!"

먹거리 생산에
숨겨진 이상한 이야기

　　여러분은 어떤 음식을 좋아하나
요? 하루가 다르게 쑥쑥 성장하랴, 수업에 학원에 밤늦은 시간까지
공부하랴 청소년기는 먹고 돌아서기 무섭게 허기가 집니다. 그만큼
잘 먹고 또 많이 먹는 시기이기도 하죠.

　　그런데 여러분은 주로 어떤 기준으로 먹거리를 고르나요? 물론
사람마다 취향은 제각각이겠지만, 대체로 빠른 시간 안에 배불리
그리고 맛있게 먹을 수 있는 먹거리들을 선호하지 않을까 싶습니
다. 그렇다면 혹시 여러분이 즐겨 먹는 음식들이 어떻게 생산되고
또 어떤 유통 과정을 거치는지에 관해서는 생각해본 적이 있나요?
아마 거의 없을 거라고 생각합니다. 그래서 지금부터 바로 그 이야
기를 해보려고 합니다.

선진국으로 수출되는 토마토의 비밀

토마토는 청소년들이 사랑에 마지않는 피자나 스파게티 소스의 주재료이자, 핫도그를 먹을 때 빠지면 영 서운한 영혼의 단짝 케첩의 주요 재료이기도 합니다. 이밖에도 토마토는 다양한 가공식품에 활용되고 있으며, 물론 생(生)으로 먹어도 맛있죠.

토마토의 원산지는 안데스입니다. 원래 토마토는 노란색에 가까운 색을 띠지만, 우리에게 가장 친숙한 빨간색과 다소 생소한 흰색부터 연보라색까지 색깔도 참으로 다양합니다. 소스와 페이스트를 만들 때 주로 쓰이는 로마 토마토(Roma tomato), 샌드위치를 만들 때 사용되는 얇고 넓게 썰 수 있는 비프스테이크 토마토(Beefsteak tomato), 샐러드에 어울리는 체리 토마토(Cherry tomato) 등 현재까지 약 400여 종의 토마토 품종이 개발되었습니다.

토마토는 15세기 후반 대항해시대에 유럽이 라틴아메리카를 탐험하면서 발견해 유럽으로 건너오게 되었다고 합니다. 토마토는 벌레와 해충으로부터 자신을 보호하기 위해 독성물질을 만들어내는데, 사실 이 독성물질은 인간에게는 해롭지 않지만 그것을 몰랐던 초창기에는 식용이 아닌 관상용으로만 전파되었다고 하는군요. 그러다가 16세기에 들어서는 이탈리아와 스페인에서 흔히 즐겨먹는 음식이 되었고, 17세기에는 유럽 전역으로 전파되었습니다.

만약 미국이나 유럽에서 샐러드를 주문하면 계절에 상관없이 1년 내내 신선한 토마토가 함께 나온다고 합니다. 이렇게 싱싱한 토마토를 연중 먹을 수 있는 이유는 겨울 기온이 온화한 지역에서는 노지(露地)에서 재배를 하고, 그렇지 않은 지역에서는 시설 재배를 통해 토마토를 계속 공급하기 때문이죠. 하지만 모든 선진국의 기후가 토마토 생산에 적합한 것은 아닙니다. 또한 토마토는 상하기도 쉽습니다. 따라서 인근 저위도 개발도상국에서 생산한 토마토를 수입해서 먹고 있죠. 선진국에 인접한 개발도상국인 멕시코와 북부 아프리카는 주로 미국과 유럽으로 토마토를 수출합니다.

미국에서는 왜 토마토가 채소일까?

채소와 과일을 분류하는 방법이 다양하다. 그래서 토마토를 채소로 분류하는 국가도 있고, 과일로 분류하는 국가도 있다. 식물학적으로는 씨방※이 익어 열매가 되는 것을 과일이라고 한다. 토마토는 식물학적으로 볼 때 과일이다. 하지만 1893년 미국의 법원 판결로 인해 미국에서는 토마토가 채소로 분류되었다. 당시 미국은 수입하는 채소에 대해 관세를 부과한 반면, 과일에 대해서는 부과하지 않았다. 그런데 토마토의 수입량이 크게 늘어나자 미국은 토마토에 세금을 부과하기 위해 토마토를 채소로 인정하는 판결을 내렸는데 판결 이유가 참으로 재미있다. "토마토는 주로 식사에 포함되어 나오고 후식으로 나오지 않기 때문에 토마토는 채소이다."라고 판결했다고 한다.

※씨방: 속씨식물의 암술대 밑에 붙어 있는 주머니 모양의 부분을 말함

노동력 착취와 공정무역에 관하여

선진국 인근에 위치하고, 저렴한 노동력까지 갖춘 개발도상국은 많지 않습니다. 그래서 선진국은 이주 노동자를 이용해서 토마토를 자국에서 재배하는 경우도 많죠. 하지만 문제는 농장주들이 이주 노동자들의 노동력을 심각하게 착취한다는 점입니다.

커피나 카카오 같이 개발도상국에서 직접 재배되는 작물의 경우 최근 공정무역[1]에 대한 압박으로 농장 노동자의 처우가 개선되는 사례가 많아졌습니다. 하지만 선진국에서 농작물을 재배하고 있는 개발도상국 출신 이주 노동자들의 노동력 착취는 아직까지 크게 주목받지 못하고 있죠. 이러한 착취를 통해 재배된 대표적인 작물 중 하나가 바로 신선도가 중요한 토마토입니다.

미국의 플로리다는 연중 토마토 생산이 가능한 기후입니다. 그런데 플로리다의 토마토 농장에서 일하는 노동자들은 최저임금도 받지 못하고 토마토 생산량에 따라 임금을 받는다고 합니다. 게다가 의료보험이나 기본적인 복지 혜택을 전혀 받지 못한 채 노동력을 착취당하고 있죠. 이들은 대부분 개발도상국에서 이주해온 노동자들이며, 심지어 그중 일부는 인신매매로 끌려와서 노동력을 착취당하는 경우도 있다고 합니다.

....
1. 다국적기업 등이 자유무역을 통해 이윤을 극대화하는 과정에서 적정한 생산이윤을 보장받지 못한 채 빈곤에 시달리는 개발도상국의 생산자와 노동자를 보호하려는 목적에서 발생한 대안적 형태의 무역이라고 할 수 있다.-두산백과 참조

하지만 정작 미국인들은 이러한 문제에 무관심했습니다. 이에 노동자들은 스스로 최소한의 인간다운 삶을 보장받기 위해 노동자 연합을 조직하여 '페어 푸드 프로그램(Fair food program)'을 진행하고 있죠. 이 프로그램은 지역 농산물을 구입하는 소매업체가 1파운드당 1센트의 추가 비용을 지불하는 것입니다. 비록 미미한 금액이지만 열악한 노동조건에 대한 인식을 개선하고, 이주 노동자들의 연 소득의 2%를 보전해주는 역할을 하고 있죠.

그리고 이탈리아에서는 북부 아프리카와 동부 유럽의 이주 노동자들이 토마토 농장에서 일을 합니다. 이들은 '토마토 노예'라고 불릴 만큼 매우 열악한 환경에서 강도 높은 노동을 하고 있습니다. 농장주들은 중계업자가 가져가는 수수료는 물론 다른 곳에서 생산된 토마토와의 가격경쟁력을 갖추기 위해 노동자들을 쥐어짜고 있죠. 결국 노동자들은 농장주의 협박과 폭행 속에서 최저임금도 받지 못하면서 고된 노동에 시달리고 있다고 합니다.

1980년대 개발도상국 노동자들의 노동력 착취를 막기 위해 본격적으로 공정무역 운동이 시작되었습니다. 노동자들의 최저임금 보장 등 공정무역 조건을 갖춘 제품에 공정무역 상표를 붙여서 사람들의 인식을 개선하고 이를 통해 개발도상국 노동자들의 삶의 질을 보장해주고자 한 거죠. 공정무역은 커피나 카카오처럼 주로 개발도상국에서 생산되는 상품들에 이목이 집중되었습니다. 하지만 이주 노동자에 의해 선진국 내에서 생산되고 있는 토마토 같은 경우에는 소비자들의 큰 관심을 받지 못하고 있는 것이 현실이죠.

FOOD ALLIANCE 인증 마크
'Food alliance'는 지속가능한 농업 관행의 표준을 기반
으로 인증 프로그램을 운영합니다.

대표적인 공정무역 토마토 인증은 푸드 얼라이언스(food alliance)인데 북아메리카 지역에서 300여 곳이 넘는 농장이 인증을 받고 있습니다. 이러한 인증은 노동자의 최저임금과 근로 조건, 복지 혜택을 갖추고 화학비료, 제초제 사용을 최소화하고 환경을 보호하는 노력을 기울인 농장에게 부여하고 있습니다.

씨를 말리는 종자회사의 황당한 변명

여러분은 혹시 바나나가 7,000년 전 인류가 최초로 재배한 작물이라는 것을 알고 있나요? 바나나는 밀, 쌀, 옥수수 다음으로 생산량이 많은 작물인데, 주로 동남아시아와 라틴아메리카, 아프리카 등지에서 생산되고 있습니다.

그런데 바나나가 재배되는 지역은 다양하지만, 지역에 관계없이 동일한 품종이 생산되고 있다는 것을 알고 있나요? 우리가 마트에서 주로 사 먹는 바나나는 바로 '캐번디시'라는 품종입니다. 캐번디

캐번디시 바나나
캐번디시가 멸종하면 우리는 어쩌면 더 이상 바나나를 먹을 수 없게 될지도 모릅니다.

시 품종은 맛과 향이 우수하고, 쉽게 상하지 않도록 껍질이 두꺼운 것이 특징이죠. 전 세계에서 판매되고 있는 바나나의 거의 대부분은 바로 이 품종입니다.

이것이 왜 문제일까요? 바나나가 하나의 품종으로 생산되면서 행여 캐번디시 품종에 취약한 곰팡이 질병이 퍼지게 되면 이 품종은 머지않아 멸종될 수 있기 때문입니다. 이미 1980년 대만에서 캐번디시에 취약한 곰팡이 질병이 발병되어 동남아시아를 넘어 전 세계로 확산되고 있습니다. 어쩌면 우리는 앞으로 바나나를 아예 먹을 수 없게 될지도 모릅니다. 비단 바나나뿐만이 아닙니다. 이러한 식의 품종 개량을 통한 선택적 재배는 미래 인류의 생존에 크나큰 위협이 될 수가 있습니다.

예를 들어볼까요? 1954년 아일랜드에서 감자의 잎이나 줄기가 갈색으로 변하면서 말라죽는 마름병이 돌았습니다. 이 마름병은 워낙 급속히 확산되는 바람에 아예 감자를 생산하지 못하는 지경에까지 이르렀죠. 그로 인해 무려 100만 명이 굶어 죽고 말았습니다. 하지만 라틴아메리카는 사정이 조금 달랐죠. 라틴아메리카의 안데스 지역에서도 감자에 마름병이 돌았지만, 이 지역은 다양한 종류의 감자 종자를 심었기 때문에 마름병에 걸린 감자의 종은 많지 않았던 것입니다. 따라서 타격도 크지 않았죠. 이는 품종 다양성을 유지하는 것이 얼마나 중요한지를 잘 보여줍니다.

조금만 더 자세히 들여다보면 품종 개량의 불편한 실체를 파악할 수 있습니다. 사실 이러한 품종 개량을 주도하고 있는 것은 일반 농가들이 아닙니다. 바로 막대한 자본을 가진 기업들이죠. 이들은 오직 최대한의 이윤을 추구하는 데만 관심을 기울일 뿐, 농민이나 생태계에 대해서는 크게 생각하지 않습니다.

예를 들어볼까요? 세계 1위 종자회사인 '몬산토'는 콩, 옥수수, 면화 등의 종자를 개발하여 이를 농민들에게 판매합니다. 이들은 개발한 씨앗의 특허권을 주장하며 해마다 딱 한 번만 씨앗을 뿌릴 수 있게 하고, 이듬해 농사를 위해서는 또다시 씨앗을 구매하게 합니다. 이 회사가 개발한 씨앗은 처음에는 병해충에 잘 견디며 농약도 필요하지 않았지만, 다음해부터는 해충의 피해를 입기 시작했습니다. 그러자 몬산토는 농민들에게 씨앗 해충을 박멸할 수 있다며 농약까지 함께 팔면서 어마어마한 수익을 올리고 있죠. 하지만 고수익을 올리는 기업과 달리 농민들은 종자 값에 농약 값까지 지불하면서 해가 갈수록 빚이 늘어나게 되었습니다. 또한 종자회사들은 수확량을 늘리기 위해 서슴없이 유전자 조작을 하고 있으며, 가장 생산량이 좋은 종자만 선별해서 유통하기 때문에 농민들이 심는 씨앗의 종류도 점점 더 줄어들고 있습니다.

만약 이런 개량된 작물이 해충이나 세균에 의해 병에 걸려 죽게 되면 해당 작물은 지구상에서 완전히 멸종하게 됩니다. 앞서 예로 들었던 바나나처럼 말이죠. 다양성은 인류 생존을 위해 반드시 필요한 것인데, 이윤 추구에만 혈안이 된 기업의 횡포가 인류의 생존을 위협하고 있는 거죠. 종자회사들은 우수한 종자로 개량하기 위함이라는 명분을 내세우고 있지만, 아이러니하게도 실은 종자의 씨를 말리고 있는 셈입니다.

물론 한편에서는 토종 씨앗을 살리기 위한 노력도 이루어지고 있습니다. 인도의 토종 씨앗 보존 센터인 '나브다냐(Navdanya)'는 토종 씨앗을 보존하여 농민들에게 무상으로 보급하고 있죠. 앞으로 이러한 선한 노력이 멈추지 않고 계속되어야, 미래 우리의 식탁도 풍요로울 수 있을 것입니다.

우리가 고기를 먹기 위해 치르는 대가

여러분도 고기를 좋아하나요? 우리나라 사람들의 삼겹살 사랑은 유별난 편이죠. 비단 삼겹살뿐만 아니라 불판 위에서 고기가 지글

거리며 익어가는 소리만 들어도 절로 군침이 넘어갈 정도입니다.

아주 옛날에는 고기가 참으로 귀했습니다. 양반들처럼 소수의 특권층 외에 고기반찬은 아주 특별한 날에만 겨우 맛볼 수 있었죠. 일년에 한 번 고기 구경을 할까 말까 할 정도였다고 합니다. 하지만 가축의 대량사육이 가능해진 오늘날, 고기반찬은 더 이상 특별한 날에만 먹는 귀한 음식은 아닙니다.

그런데 혹시 알고 있나요? 우리가 먹기 위해 사육하고 있는 동물들로 인해 지구는 실로 엄청난 대가를 치르고 있습니다. 무엇보다 동물들을 키우고 사료를 재배하기 위해서 세계 곳곳의 숲이 불타고 있다고 합니다.

세계에서 가장 넓고 가장 다양한 생물들이 살아가는 열대우림은 아마존입니다. 그런데 식용 동물을 사육하기 위해서 이곳 아마존의 밀림이 불에 타 사라지고 있습니다. 그리고 가축의 사료로 쓰기 위한 옥수수와 콩을 재배하기 위해 또다시 열대우림을 불태우고 있죠. 파괴된 아마존의 70%가 사료 재배를 위한 경작지로 사용된다고 합니다. 즉 동물의 사료를 재배하기 위해 그리고 동물을 사육하기 위해 소중한 숲이 사라지고 있다는 뜻이죠.

게다가 사육되는 동물들의 방귀와 트림 때문에 메탄가스가 나오는데, 메탄가스는 이산화탄소와 마찬가지로 온실효과를 일으켜 지구온난화를 초래하는 주범으로 알려졌죠. 오늘날 전 세계 메탄가스 배출량의 30%가 소의 방귀와 트림에서 나오는 것이라고 합니다. 만약 우리 개개인이 육식을 자제한다면 지구온난화를 크게 줄일 수 있을 것입니다.

심각한 큰 문제는 또 있습니다. 고기 1kg을 얻기 위해서는 옥수수(곡물) 16kg이 필요하다고 합니다. 아직도 지구 어딘가에는 배고픔에 시달리는 사람들이 많습니다. 그런데 부자나라 사람들의 배를 불리기 위한 고기 생산에 곡물이 이용되면서 가난한 사람들은 심각한 경우 굶어 죽고 있습니다. 열 명이 먹을 수 있는 곡물을 동물 한 마리가 먹어 치우고, 한 사람이 그 고기를 먹어 치우면 가난한 10명은 굶어 죽을 수밖에 없겠죠. 아이러니한 점은 부자나라에서 너무 많은 고기를 먹은 사람은 비만, 고혈압 등의 질병으로 죽어간다는 것입니다. 한쪽에서는 굶어 죽고 또 다른 한쪽에서는 비만으로 인한 질병 때문에 죽고 있다니 참으로 희한한 일입니다. 만약 우리가 육식을 자제한다면 더 많은 사람을 살릴 수 있을 것입니다.

사료 재배를 위해 이토록 많은 희생이 필요한데, 정작 사료는 가축들의 건강에도 별로 좋지 않습니다. 예컨대 소는 풀을 잘 뜯어 먹을 수 있도록 진화한 동물입니다. 어금니는 위아래 모두 있지만, 앞니는 아래턱에만 있죠. 긴 혀와 아래턱의 앞니로 풀을 뜯고, 어금니로 씹어 삼킵니다. 위가 4개인 소는 되새김질을 하며 잘게 씹어서 소화를 시키죠. 하지만 현대의 소는 풀이 아닌 옥수수와 콩 사료를 먹는데, 옥수수와 콩은 되새김질을 하기 어렵습니다. 따라서 소의 위에 옥수수나 콩이 들어가면 가스가 만들어지는데, 자칫 위가 부풀어 올라 주변의 장기를 누르면서 죽기도 합니다.

그래서 농장을 운영하는 사람들은 이를 방지하기 위해 인위적으

동물 복지

비록 식용으로 사육되고 있는 가축들도 고통이나 스트레스를 최소화하며, 질병이나 굶주림에 시달리지 않고 행복하게 사육될 수 있는 권리가 있다는 인식이 확산되고 있다. 이렇게 사육된 동물은 더 건강한 동물로 생산되어 우리에게 더욱 안전한 먹거리가 될 수 있다. 우리나라도 2012년 산란계를 시작으로 소와 돼지의 사육, 운송, 도축의 전 과정에서 체계적으로 관리하는 농장에게 동물복지 축산 농장 인증제 마크를 부여하고 있다.

동물복지 축산농장 인증 마크
비록 누군가의 밥상 위에 오르기 위해 길러지고 있지만 동물들도 행복하게 사육될 권리가 있습니다. 그래야 우리 인간에게도 더욱 안전한 먹거리가 될 수 있지 않을까요?

로 소의 위에 호스를 넣어 가스를 빼낸다고 합니다. 심지어 대규모로 소를 사육하는 농장에서는 아예 소의 배에 구멍을 뚫어 직접 손으로 가스를 빼는 잔인한 방법도 마다하지 않고 있죠. 인간의 잔인함은 여기에서 멈추지 않습니다. 어린 송아지에게 일부러 철분을 먹이지 않는 거죠. 그러면 송아지는 빈혈로 쓰러져 죽는데, 이렇게 도축된 송아지 고기는 선홍색을 띠며 육질이 부드러워 돈 많은 미식가들에게 인기가 높다고 합니다.

비단 소만 수난을 겪고 있는 것은 아닙니다. 닭도 괴롭기는 마찬가지입니다. 육질이 풍부한 닭을 얻기 위해서 움직일 수도 없는 좁은 우리에 닭을 가두고 사료를 공급합니다. 좁디좁은 철장 안에 갇힌 채 사료만 받아먹다 보면 닭은 몸무게가 급격하게 늘어나 자신의 몸무게를 견디지 못해 다리가 부러지는 경우가 많다고 합니다. 게다가 사료 효율을 높이고, 닭을 온순하게 해준다는 이유로 부리를 잘라버리고 사육하는 경우도 적지 않다고 하는군요.

육식을 즐기는 우리 인간이 잔인한 사육 방식을 조장하고 있는 셈이죠. 이러한 잔인한 사육 방식은 대량사육되는 집약적 사육 환경에 놓인 소, 돼지, 닭 등 거의 모든 동물에 해당됩니다.

식량 가격 상승을 부추기는
희한한 요인들

　　아주 오랫동안 우리 인류의 대다수는 지독한 굶주림에 시달렸습니다. 하지만 식량의 대량생산이 가능해진 오늘날의 세상에는 과거 어느 때와 비교해도 값싼 먹거리가 넘쳐납니다. 물론 작황 수준에 따라서 가격이 다소 오르락내리락 하기는 하지만, 어쨌든 과거에 비하면 비교적 값싼 가격에 쉽게 먹거리를 살 수 있게 되었죠.

　　그런데 간혹 기후이변으로 인한 작물 생산의 감소 같은 이유가 아니고, 아주 엉뚱한 이유로 식량 가격이 상승하기도 합니다. 오늘날에는 먹거리와 전혀 상관없는 이유 때문에 먹거리의 가격이 좌우되는 경우도 생겨나고 있다는 뜻입니다.

바이오 에너지 생산은 왜 토르티야의 가격을 올렸나?

전혀 상관없어 보이는 뭔가 때문에 먹거리 가격이 오른다는 것이 어쩐지 잘 이해되지 않을 것입니다. 대표적인 사례가 바로 토르티야(Tortillas)입니다. 멕시코의 전통 음식 타코(taco)는 옥수수 가루를 이용해서 빈대떡처럼 동그랗고 얇게 만든 토르티야에 야채나 소고기를 싸서 먹는 음식으로, 멕시코 사람들의 주식이죠.

그런데 멕시코의 토르티야 가격이 갑자기 치솟았습니다. 대체 무슨 이유 때문이었을까요? 원인을 찾아봤더니 이웃나라 미국의 바이오 에너지 생산량 증가가 주된 원인이라고 밝혀졌습니다. 바이오 에너지와 토르티야. 얼핏 공통점이라고는 하나도 없어 보이지만,

토르티야로 만든 타코
토르티야의 가격 상승에는 바이오 에너지 생산과 밀접한 관련이 있습니다.

미국산 바이오 에너지와 멕시코산 토르티야 모두 옥수수를 원료로 한다는 공통점이 있습니다. 미국은 세계에서 옥수수를 가장 많이 생산하는 국가인데 식용과 사료용 옥수수도 있지만, 최근 바이오 에너지용 옥수수 생산이 가파르게 늘어나고 있습니다. 한편 멕시코는 주식인 토르티야를 만들기 위한 옥수수 소비량이 많죠.

그럼 본격적으로 멕시코의 주식인 토르티야의 가격 상승과 미국산 바이오 에너지의 생산량과의 관계를 알아볼까요? 멕시코는 미국과 북미자유무역협정(NAFTA, North American Free Trade Agreement) 체결로 관세를 부과하지 않습니다. 그런데 이는 결과적으로 미국의 옥수수 가격 상승이 멕시코에 직접적으로 영향을 미치게 됨을 의미합니다. 하지만 다른 변수가 있습니다. 일반적으로 바이오 에너지와 사료용으로 사용되는 옥수수는 황색 옥수수이고, 토르티야를 만드는 옥수수는 백색 옥수수입니다. 멕시코는 그들이 즐겨먹는 토르티야를 만들기 위한 백색 옥수수는 자급을 하고, 사료용 황색 옥수수만 미국에서 주로 수입을 하죠. 그렇다면 미국에서 황색 옥수수 가격이 상승해도 백색 옥수수로 만드는 토르티야의 가격에는 직접적인 영향을 주지 못할 것이라고 예상할 수 있을 것입니다. 그럼에도 불구하고 바이오 에너지 생산량이 급격히 증가한 2008년에 백색 옥수수 가격이 70% 가까이 상승했습니다. 왜일까요?

일반적으로 멕시코에서는 백색 옥수수가 더 비싼 가격에 판매됩니다. 그런데 미국산 황색 옥수수의 가격이 상승하자 일부 지역에서는 백색 옥수수보다 황색 옥수수의 가격이 높아졌습니다. 이에 사료용으로 비싼 황색 옥수수 대신에 백색 옥수수를 사용하게 되었죠. 이로 인해 토르티야를 만드는 백색 옥수수의 공급이 감소하게 되어 결국 토르티야 가격이 상승하게 된 것입니다.

황색 옥수수의 가격 상승은 백색 옥수수를 재배하던 멕시코 농민들이 재배 작물을 선택하는 데도 영향을 미쳤습니다. 멕시코 내에 점차 황색 옥수수 재배지가 늘어나게 된 거죠. 황색 옥수수 재배 농가가 늘어나면서 상대적으로 백색 옥수수 재배지는 감소하다 보니 토르티야 가격은 더욱 상승하게 된 것입니다.

옥수수의 가격이 상승했다고 하더라도 부유한 사람들은 굳이 옥수수 제품 소비를 포기할 이유가 없습니다. 하지만 생활이 빠듯한 저소득층은 비록 가격 상승이 소폭이라도 민감하게 반응할 수밖에 없죠. 따라서 주식인 토르티야의 가격이 상승하면 대체재인 밀이나 쌀을 소비하게 됩니다. 밀과 쌀의 수요가 계속 증가하면 결국 밀과

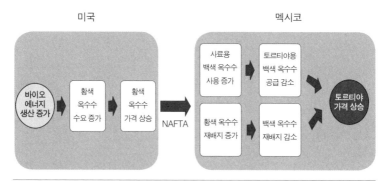

바이오 에너지와 토르티야 가격 간 상관관계
미국의 바이오 에너지 생산 증가에 따른 옥수수 수요 증가가 멕시코 토르티야 가격에 어떤 영향을 미치는지 알 수 있습니다.

쌀의 가격도 상승하게 됩니다. 또한 농민들도 기왕이면 가장 큰 수익을 올릴 수 있는 작물을 재배할 것이기 때문에 황색 옥수수의 가격이 상승하면 황색 옥수수 재배를 늘리게 되고, 이는 자연히 다른 작물의 수확량 감소를 불러옵니다. 수확량 감소는 다시 해당 작물의 가격 상승으로 이어지게 되죠. 즉 바이오 에너지 생산량의 증가로 인한 곡물 가격의 상승이 결과적으로 모든 식료품의 가격 상승으로 나타날 수 있다는 뜻입니다.

일반적으로 소비자가 지불하는 식료품 가격의 19%만이 농민에게 돌아가고 나머지는 유통 과정에서 나누어 가지기 때문에 곡물 가격이 상승해도 실제로 체감하는 소비자 가격의 변화는 작은 편입니다. 소비자 가격에 더 민감하게 영향을 주는 요인은 곡물 가격 그 자체보다 교통비의 상승, 즉 유가 상승과 더 밀접하게 관련이 있죠. 하지만 개발도상국에서는 수확한 곡물 형태 그대로 소비하는 경우가 많아서 세계 곡물 가격이 상승하면 개발도상국의 가정에서 체감하는 식료품의 가격 상승은 선진국에 비해 훨씬 클 수밖에 없습니다.

유가(油價) 상승은 왜 먹거리 가격에 영향을 미치나?

옛날에는 소에 쟁기를 달거나 아니면 일일이 사람 손으로 논과 밭을 일구었지만, 현대의 농업은 기계화된 지 이미 오래입니다. 농가에서 작물을 재배하고 수확할 때 사용되는 대부분의 장비에는 석유가 사용되고, 천연가스는 질소 비료를 만드는 데 중요한 원료로 사용되죠. 이 말은 곧 유가가 상승하면 농업의 생산비용이 높아질 수밖에 없다는 뜻이기도 합니다.

그뿐만이 아닙니다. 재배한 것을 직접 소비하거나, 지역 내에서 소비하던 과거와 달리 현대사회는 장거리 운송이 일반화되었습니다. 따라서 생산된 작물이 유통되는 과정에서 포장하거나 수송하는 데도 석유가 필요합니다. 또한 유가 상승은 대체재로서 바이오 에너지의 수요를 증가시키기 때문에 앞에서 이야기한 것처럼 식량 가격에 지대한 영향을 미친다고 할 수 있습니다.

석유 및 천연가스의 가격이 상승하면 이를 대체하기 위해서 바이오 에너지를 생산합니다. 하지만 생각해봐야 할 것은 바이오 에너지를 생산하기 위한 작물을 키울 때 석유와 천연가스가 들어가는데, 이는 바이오 에너지를 생산함으로 인해 줄여주는 석유 및 천연가스의 양을 상쇄시키는 결과를 가져옵니다. 따라서 이는 애꿎은 곡물 가격 상승만 가져올 뿐 석유 및 천연가스의 대체재로서 역할은 제대로 하지 못한다고 할 수 있죠.

비슷한 작물이 지역에 따라 가격이 달라지는 것은 운송비용이 주요 원인입니다. 대형 선박을 통해 운송하는 식량 작물은 트럭으로 운반하는 비용에 비해 단위 거리당 운송비용이 크지 않습니다. 이는 국가 간 농산물 가격의 차이보다 지역 내 농산물 가격의 차이가 더 클 수 있음을 보여줍니다. 특히 도로 교통 사정이 좋지 않은 산악지역이나 아프리카와 같은 저개발 국가에서는 대서양과 태평양을 건너오는 데 들어가는 비용보다 지역 내에서 운송하는 비용이 더 많이 들 것입니다. 그런데 유가가 상승하면 이러한 운송비용이 더욱 증가하기 때문에 저개발 국가들은 훨씬 더 높은 가격을 지불하고 식량을 구매할 수밖에 없는 거죠.

먹거리 가격을 좌우하는 또 다른 변수, 자연재해

주요 식량자원의 생산지역에 자연재해가 온다면 이는 그 지역뿐만 아니라 세계 식량 가격의 변동을 가져올 것이 자명합니다. 일반적으로 식량 수요는 해마다 변동이 크지 않지만, 예상치 못한 자연재해가 발생하면 공급이 급격히 감소하여 수요와 공급의 불균형을 초래할 것입니다. 이는 결국 시장 가격을 요동치게 만들죠.

일반적으로 농산물을 가공하는 회사들은 농장의 작물을 구매할 때 수확 때까지 마냥 기다리는 것이 아닙니다. 안정적으로 농산물을 공급받기 위해서 사전 계약을 맺고 농산물을 구매하죠. 하지만 이러한 선물시장에서 형성된 가격은 실제 수요 공급과 일치하지 않을 수 있습니다. 선물시장의 가격은 그해의 날씨 정보를 통해 세계적인 수확량을 추정하여 결정됩니다. 그런데 갑작스런 기후 변화로 전 세계 수확량이 줄어들면 작물의 시장 가격은 상승할 수 있고, 반대로 풍년이 들면 공급이 크게 늘어나 시장 가격이 하락할 수 있죠. 이는 농장이 있는 지역의 날씨뿐만 아니라 같은 작물을 재배하는 전 세계 여러 지역의 날씨가 그해의 농산물 가격에 영향을 미친다는 것을 의미합니다.

자연재해가 발생하는 지역이 어디인지에 따라서도 식량 가격에 미치는 영향과 지역주민에게 미치는 영향이 달라질 수 있습니다. 농산물 생산이 많아 수출을 많이 하는 국가에 가뭄이 들었을 경우를 생각해볼까요? 예를 들어 주요 밀 생산 국가인 호주에 극심한 가뭄이 들어 밀의 생산이 감소했다고 가정해봅시다. 밀의 국제 가격이 상승할 것이고, 정작 밀을 수입해야 하는 국가는 높은 가격으로 밀을 수입해야만 하지만, 호주를 포함한 밀 생산 국가들은 상승한 국제 밀 가격으로 인해 큰 이익을 볼 수도 있을 것입니다. 또 아무리 가뭄으로 수확량이 줄어도 국내 소비 물량은 충분히 확보할 수 있을 것이기 때문에 호주 국내 소비자 물가는 크게 변동이 없겠죠. 그렇지만 교통이 불편하거나 정부 정책에 의해 국제교류를 하지 않는 지역이라면 어떨까요? 그 지역의 가뭄은 곧 그 지역의 곡물 가격 상승으로 이어질 것이고 굶주리는 사람이 늘어나 지역주민들에게 큰 피해를 가져올 것입니다. 하지만 다른 국가에게는 전혀 영향을 주지 않겠죠.

자연재해로 한 작물의 생산량이 감소하면 다른 작물의 가격에도 영향을 미칠 수 있습니다. 자연재해로 인해 밀의 가격이 상승하면 밀을 대체할 수 있는 작물을 찾을 것입니다. 그러나 주식인 빵을 만들려면 어쨌든 밀은 꼭 필요하므로 비싼 가격을 지불하고서라도 밀을 소비할 것입니다. 하지만 축산업에서 사료용으로 사용하는 밀은 옥수수와 같은 대체작물로 바꿀 것입니다. 이렇게 되면 옥수수의 수요가 늘어날 테니 이는 옥수수의 시장 가격을 상승시키게 됩니다. 이것이 밀의 수확량 감소가 결과적으로 다른 작물의 가격에도 영향을 줄 수 있는 이유입니다. 또한 자연재해로 인해 사료용 작물의 공급이 감소하여 가격이 상승하게 되면 축산업자들은 생산 규모를 축소하게 됩니다. 이는 결과적으로 우유와 육류의 공급 감소로 이어질 테니 역시나 가격 상승을 야기하게 되죠.

함께 잘 먹고
잘 사는 법은 없을까?

　　　　　풍요로운 먹거리 속에서 살아가
는 여러분은 실감하기 어렵겠지만, 지구 어딘가에는 아직도 생존을
위협받을 만큼 심각한 굶주림에 시달리는 사람들이 있습니다. 굳이
다른 나라까지 들먹이지 않더라도 우리 사회 곳곳에서 끼니 걱정을
하며 살아가는 사람들이 생각보다 많습니다. 이들에게 현대사회는
말 그대로 '풍요 속의 빈곤' 그 자체일 것입니다.

　집약적 생산 방식과 장거리 운송은 분명 많은 인류의 배고픔을 해
결하는 데 기여했습니다. 하지만 무분별한 품종 개량이나 과도한 화
학비료 및 농약의 사용, 운송 과정에서 소모되는 과도한 에너지 등으
로 인한 환경오염 등 부작용도 심각한 상태입니다. 이에 최근 새로운
곡물 생산 방식을 모색하는 사람들이 늘어나고 있습니다.

우리가 몰랐던 로컬의 함정

혹시 로커보어(Locavore)라는 말을 들어보았나요? 이는 영어로 지역을 뜻하는 '로컬(Local)'과 라틴어로 먹는다는 뜻을 가진 '보어(Vore)'의 합성어로 풀이하면 지역에서 생산한 음식 재료를 소비하자는 운동입니다. 사실 과거에는 모두가 자신이 살고 있는 지역에서 생산된 농산물을 소비하는 게 당연했지만, 급격한 도시화로 인해 현대사회에서는 농산물의 이동거리가 멀어졌습니다.

'로컬푸드 소비운동'은 중간유통 단계를 줄여서 생산자에게 좀 더 많은 수익이 돌아가도록 하여 지역 경제를 살리고, 나아가 안전하고 신선한 식재료를 공급할 수 있다는 장점이 있습니다. 특히 유통 경로를 줄임으로써 음식을 소비하는 과정에서 배출되는 탄소의 양을 줄일 수 있어 더욱 관심을 불러일으켰죠.

하지만 이러한 로컬푸드는 새로운 로컬의 함정(local trap)에 빠지게 한다는 점에서 경계할 필요가 있습니다. 특히 로컬푸드 매장의 제품들은 유전자 변형이 없는 품종을 유기농으로 재배하여 판매하는 경우가 많습니다. 그런데 이렇게 까다롭게 생산된 식재료는 상대적으로 생산량이 많지 않기 때문에 가격은 자연히 비싸질 수밖에 없습니다. 따라서 이러한 운동은 선진국의 부유한 소수만을 위한 운동에 머물기 쉽죠. 게다가 자칫 전 지구적인 식량 생산, 특히 개발도상국의 식량 수급에 문제를 일으킬 수도 있습니다. 차라리 개발도상국에서 지속가능한 방식을 이용해서 대규모로 경작하여 수출하는 것이 더 큰 이익이 될 수 있습니다.

그리고 무작정 유기농 먹거리를 추종하는 것도 지구에는 해롭다고 합니다. 그 이유를 살펴볼까요? 일단 유기농으로 재배할 경우 생산량이 평균 25% 정도 감소합니다. 그리고 현재의 식량 생산 수준을 유기농으로 유지하려면 천연 거름이 필요하죠. 소의 배설물로 만든 천연 거름을 만들기 위해서는 소를 무려 60억 마리는 더 사육해야 합니다. 다시 말해 25%의 생산량을 더 늘리고, 60억 마리의 소를 사육하기 위해 더 많은 농경지를 확보해야 한다는 뜻입니다. 결과적으로 지금보다 더 많은 환경 훼손이 우려되고, 노동자들의 노동 강도도 커지는 문제점이 생길 수 있습니다. 또 유기농 재배 방식으로는 전 세계 인구를 충분히 먹여 살릴 만큼 농산물을 대량으로 수확하기가 현실적으로 어렵습니다. 따라서 유기농 재배에 대한 지나친 환상은 오히려 빈곤층의 굶주림을 해결할 수 없을 뿐만 아니라, 개발도상국의 식량 안보마저 위협할 것입니다.

도전, 도심 속 농장 만들기!

70억 인구를 먹여 살리는 식량과 가축을 생산하려면 우선 남아메리카 면적의 농경지가 필요하고, 2050년 세계 인구가 90억 명이 넘어가면 브라질의 면적의 토지가 더 필요하다고 합니다. 만약 우리가 농경지를 만들기 위해 숲을 파괴하는 행위를 멈추지 않는다면 어쩌면 우리는 오늘날 겪고 있는 이상기후보다 아마 훨씬 더 끔찍한 상황을 맞이할 게 분명해 보입니다.

농업은 이렇듯 엄청난 토지를 필요로 할 뿐만 아니라, 현재 사용하는 관개용수의 약 70%나 사용하고 있죠. 게다가 농약과 비료의 사용은 물을 오염시키는 주요 원인이 되고 있습니다. 이 밖에도 식량을 생산하는 데 사용되고 있는 화석 에너지의 양도 엄청나기 때문에 미래의 식량 문제를 해결하기 위해서는 한층 혁신적인 발상의 전환이 필요해 보입니다.

이러한 문제를 통제하고 식량 문제를 해결하기 위해서 1999년 미국 콜롬비아대학교의 딕슨 데스포미어 교수는 수직 농장(vertical farming)을 제안했습니다. 여러분에게는 조금 생소할지도 모르지만, 수직 농장이란 식량 소비가 많은 지역의 고층 건물에서 식량을 생산하는 거죠. 이러한 방식은 물의 소비, 폐기량, 에너지 소비 등 모든 것을 줄여줄 수 있으며, 나아가 1년 내내 식량을 생산할 수 있는 혁신적인 방안입니다.

수직 농장은 자연을 자연으로 돌려주는 방식입니다. 지금까지 우리 인류는 농업혁명과 산업혁명 등 비약적인 기술 혁신을 통해서 생존을 이어왔습니다. 하지만 정작 지구는 스스로 회복할 수 있는 능력을 넘어선 상태로 무리하게 식량을 생산하고 있죠. 앞으로 이 지구상에서 우리 인류가 계속 살아남으려면 자연이 복원될 수 있는 방안이 꼭 마련되어야 합니다.

우선 전문가들은 마구잡이로 개간한 농경지를 자연 상태의 숲으

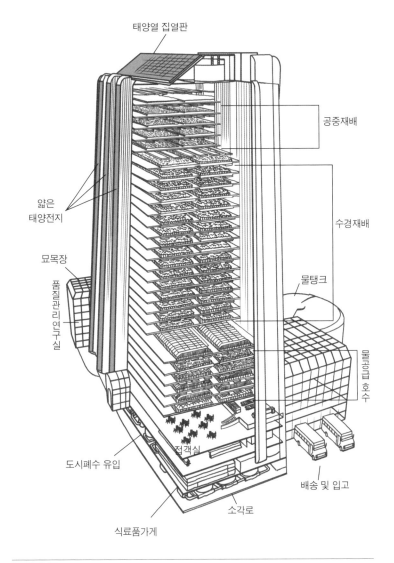

태양열 집열판

공중재배

수경재배

얇은
태양전지

묘목장

품질관리연구실

물탱크

물공급 호수

접객실

도시폐수 유입

배송 및 입고

소각로

식료품가게

수직 농장

수직 농장을 이용하면 도심 속에서도 작물 재배가 가능함은 물론 에너지 절약, 폐기물 감
소 등에도 도움이 될 뿐만 아니라 기후변화에도 영향을 받지 않는 장점이 있습니다.

로 돌려놓는 것이 가장 직접적인 방법이라고 입을 모읍니다. 한국 전쟁으로 황폐화되었던 비무장지대가 지금은 마치 열대 아마존과 같은 자연 상태로 스스로 회복한 것처럼 지구에게는 치유의 시간이 절실히 필요합니다. 지구에게 치유할 시간을 주려면 농업 생산 방식에 있어서 기존과 다른 접근이 필요한 것입니다.

수직 농장의 핵심은 점적 관개, 공중 재배, 수경 재배입니다. 점적 관계란 식물에서 식물로 연결된 작은 관에서 식물의 뿌리에 영양소가 풍부한 물을 정확하게 떨어뜨려 재배하는 방식입니다. 무엇보다 전통적인 농업 방식과 같이 엄청난 양의 물을 낭비하는 것을 막을 수 있습니다. 공중 재배는 공중에 매달린 식물에 영양소와 수증기를 공급해주는 방법으로 토양이 필요하지 않습니다. 이 방법은 NASA가 우주에서 식량 생산을 위해 과학적인 실험을 거친 방법이기도 합니다. 그리고 수경 재배는 수조에 담긴 물에 영양분을 공급하는 방법입니다.

특히나 수직 농장의 장점은 가뭄, 태풍 등과 같은 자연재해나 이상기후의 피해를 받지 않는다는 것입니다. 작물의 성장에 필요한 기후 환경을 인위적으로 조절할 수 있기 때문에 어디에서나 필요한 작물을 연중 생산할 수 있죠.

그리고 소비자와 생산자의 거리가 멀리 떨어져 식품을 장거리 수송을 하게 되면 화석연료의 소비로 인한 이산화탄소 배출량이 늘어나고, 아울러 식량이 변질될 수 있는 위험까지 감수해야 합니다. 수직 농장이야말로 바로 이러한 문제를 가장 효과적으로 해결할 수 있습니다. 도심 속 소비자와 가까운 거리에서 식량을 생산할 수 있는 방법이니까요.

또 도시에서 배출되는 생활하수를 정화시켜서 재활용하면 식물 재배에 필요한 물을 공급할 수 있으니 기존 농업 방식에 비해 물 사용을 획기적으로 줄일 수 있습니다. 그리고 식량을 재배할 때 나오는 폐기물들과 도시 폐기물을 소각하여 나오는 에너지와 태양열 에너지를 활용하여 필요한 전력을 공급할 수도 있죠. 꼭 고층 건물이 아니라도 현재 도시 곳곳에 있는 건물들의 옥상에서 이러한 식량 재배가 이루어진다면, 건물의 온도 조절 효과뿐만 아니라 식량 생산의 효과도 함께 거둘 수 있으니 일석이조가 아닐까요?

다만 수직 농장을 실현하기 위해서는 현실적인 문제가 남아 있습니다. 먼저 도시의 엄청난 지가를 과연 감당할 수 있는가의 문제입니다. 하지만 이는 일반적으로 도시 내부에 방치된 슬럼 지역들을 적극 활용하는 방안을 고려해볼 수 있습니다. 도심 구석구석 지대 격차가 발생하는 곳이라면 충분히 수직 농장을 만들 수 있습니다.

아무리 작은 규모의 수직 농장이라도 연중 재배할 수 있다는 장점이 있습니다. 상추는 6주, 옥수수와 밀은 3~4개월이면 충분히 수확할 수 있기 때문에 3~4모작이 가능합니다. 또한 NASA에서 개발한 키 작은 식물을 활용하면 한 층에 2단으로 작물을 재배할 수도 있습니다. 만약 1블럭(0.02㎢) 정도의 공간에 30층의 건물에서 농사를 짓는다고 가정하면, 1년에 4모작을 하고, 2단으로 재배하며, 일반 노지재배보다 2배 정도 집약적으로 모종을 심을 수 있다는 거죠. 그러면 약 9.6㎢(0.02×30×4×2×2)의 면적에서 식량을 수확할 수 있다는 계산이 나옵니다.

기존의 농업 방식은 농산물을 생산하는 시기에 가뭄과 홍수로 인한 예상치 못한 피해를 입을 수 있는 위험부담에서 자유로울 수 없습니다. 또한 장거리 수송 과정에서 상하거나 병이 들어서 버려지는 물량이 무려 30%나 된다고 합니다. 농작물을 재배하기 위해 숲을 파괴하는 행위와, 농산물의 유통 과정에서 나오는 화석연료 사용으로 인한 지구온난화 피해까지 생각한다면 도시 안에서 농산물을 생산하여 바로 소비할 수 있는 수직 농장은 충분히 고려해볼 만한 가치가 있는 혁신적인 사업입니다.

실제로 미국의 수직 농장인 에어로 팜(Aero Farm)은 현재 연간 1,000톤의 채소를 생산하고 있으며, 일본, 네덜란드 등 많은 나라에서도 수직 농장을 건설하고 있다고 합니다. 우리나라도 서울시 양천구 목동의 재개발 아파트 단지 2개동에 수직 농장을 2020년까지 조성할 계획입니다. 이러한 노력들이 하나하나 쌓인다면 미래사회에서도 우리 인류는 분명 지속가능한 발전을 이뤄갈 수 있을 것입니다.

유럽은 유럽연합을 통해 오랜 시간 국제사회에서 막대한 영향력을 과시해왔습니다. 똘똘 뭉친 유럽은 유로화를 사용하며 수십 년간 국제사회를 대표하는 세력으로 자리 잡았죠. 하지만 이러한 견고한 유럽 통합이 최근 크게 흔들리고 있습니다. 유럽으로 몰려오는 난민들은 유럽 내 극우세력의 목소리를 키우고 있고, 경제 수준이 높은 지역에서는 더 이상 가난한 지역과 함께할 생각이 없다며 독립을 외치고 있죠. 무엇보다 2016년 영국이 국민투표에서 유럽연합 탈퇴라는 브렉시트(Brexit)를 결정함에 따라 유럽연합은 더욱 크게 요동치고 있습니다.

CHAPTER 06

유럽과
유럽연합

"브렉시트, 유럽 통합을 뒤흔들다!"

각자도생의
유럽이 하나로 뭉치기까지

여러분에게 유럽은 어떤 곳으로 인식되나요? '유럽' 하면 떠오르는 것은 아마도 유럽연합, 즉 EU일 것입니다. 유럽은 경제적·정치적 통합을 도모하기 위해 통화동맹을 추진하고, 공동외교·안보정책 추진 및 사법·내무 분야의 공동정책을 수립하였습니다. EU 그 자체가 일종의 초국가적(super-nationality) 기능을 담당하는 셈이죠. EU를 통해 유럽은 하나로 뭉쳐서 국제사회에서 무시할 수 없는 정치·경제적 세력으로 자리매김했습니다. 아울러 다소 논란이 있기는 했지만, 유럽의 평화와 안정에 기여했다는 이유로 2012년에는 노벨평화상을 수상하기도 했죠.

사실 EU 이전의 유럽은 서로가 서로를 견제하고, 조금만 틈이 보이면 침략하는 식의 물고 물리는 관계를 오랫동안 이어왔습니다.

특히 한때 유럽 각국은 대항해시대를 거치며 세계 곳곳에 식민지를 건설하면서 번갈아 세계의 패권을 차지하기도 했습니다. 오랜 세월 유럽은 사실상 거대한 전쟁터였죠. 특히 2번의 세계대전은 유럽 전역을 쑥대밭으로 만들고 말았습니다.

유럽이 하나 되기까지의 역사

프랑스는 2차 세계대전이 끝난 후에 독일이 다시 사회주의 국가로 재건하는 것을 막아서 서유럽 진영에 묶어두고, 탄탄한 기술력을 자랑하는 독일을 이용하여 유럽의 지위를 한층 높이고자 하였습니다. 즉 프랑스의 정치력과 독일의 자원과 기술을 활용한 경제적 기여를 통해서 하나 된 유럽으로 세계 속에서 지위를 높이고자 한 것입니다.

실제로 프랑스와 독일은 과거 철강과 석탄을 놓고 수많은 전쟁을 치렀고, 이들 국가의 철강회사들이 철도노선을 만들기 위해 경쟁하면서 세계대전이 발발하는 원인을 제공하기도 했죠. 1950년 5월 9일 프랑스 외무부 장관 로베르 쉬망은 '세계 평화를 위해'라는 표현을 쓰며 석탄과 철광석 채굴을 위한 공동사무소 설치 계획을 공식적으로 건의했습니다. 이로써 유럽이 하나의 공동체가 될 수 있는 기틀이 마련되었죠. 유럽 통합의 출발점이 된 쉬망 선언(Schuman Declaration)이 있었던 5월 9일은 '유럽의 날'로 지정되었습니다.

유럽연합의 탄생과 성장

1951	유럽석탄철강공동체(ECSC) 창설
1957	유럽 경제 공동체(EEC) 창설 유럽원자력 공동체(Euratom) 창설
1967	유럽공동체(EC) 창설
1973	영국 유럽경제공동체 가입
1992	마스트리히트조약 체결
1993	유럽연합(EU) 창설
2004	동부유럽 EU가입

1951년에 설립된 **유럽석탄철강공동체**(ECSC; European Coal Steel Community)는 독일(서독), 프랑스, 이탈리아, 벨기에, 룩셈부르크, 네덜란드의 6개국이 석탄과 철광석의 공동 관리에 관한 파리 협약에 서명하면서 시작되었습니다. 이 6개 국가는 1957년 로마조약을 체결하며 원자력에너지 시장의 전문가 육성과 공동으로 핵에너지의 개발 및 판매를 위한 **유럽원자력공동체**(EURATOM; European Atomic Energy Community)를 만들었고, 같은 해에 회원국 간의 관세를 철폐하는 **유럽경제공동체**(EEC; European Economic Community)를 창설했죠. 이후 유럽석탄철강공동체와 유럽경제공동체, 유럽원자력공동체는 별개로 존재하면서 지역동맹을 목표로 유럽공동체(EC; European Community)를 만들었습니다. 그러다가 1992년 네덜란드 마스트리

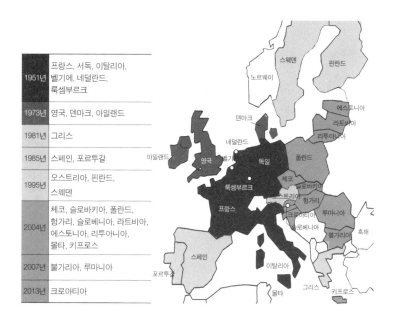

1951년	프랑스, 서독, 이탈리아, 벨기에, 네덜란드, 룩셈부르크
1973년	영국, 덴마크, 아일랜드
1981년	그리스
1985년	스페인, 포르투갈
1995년	오스트리아, 핀란드, 스웨덴
2004년	체코, 슬로바키아, 폴란드, 헝가리, 슬로베니아, 라트비아, 에스토니아, 리투아니아, 몰타, 키프로스
2007년	불가리아, 루마니아
2013년	크로아티아

유럽연합의 확장

1951년 유럽석탄철강공동체를 시작으로 유럽연합은 점차 범위를 확대해갔습니다.

히트에서 경제, 사회 정책, 사법, 외교, 안보에 대한 공동체적 관리에 관한 마스트리히트 조약을 체결했고, 1993년에 드디어 유럽연합(EU; European Union)이 탄생하게 되었습니다.

유럽경제공동체에는 1973년 영국, 덴마크, 아일랜드, 1981년 그리스, 1985년 포르투갈, 스페인이 가입했습니다. 1995년에는 오스트리아, 핀란드, 스웨덴이 유럽연합에 가입했고, 1990년대 소련이 해체되면서 2004년에는 라트비아, 리투아니아, 에스토니아, 슬로바키아, 슬로베니아, 체코, 폴란드, 헝가리가 가입했고, 지중해의 몰

EFTA & EEA

EFTA(European Free Trade Association)는 유럽경제공동체에 가입되지 않은 영국, 오스트리아, 스위스, 스웨덴, 덴마크, 노르웨이, 포르투갈 7개 국가가 1960년에 설립한 자유무역연합이다. 이후 아이슬란드, 핀란드, 리히텐슈타인이 가입하였지만 대부분 유럽연합에 가입하면서 탈퇴했고, 현재 아이슬란드, 노르웨이, 스위스, 리히텐슈타인만 남아 있다.

EFTA 가입국들은 유럽연합 가입국들과 1994년에 유럽경제지역 (EEA; European Economic Area)을 설립하였고, EU와 EFTA 가입 국가 간 상품, 서비스, 사람, 자본의 자유로운 이동이 보장되고 있다.

타와 키프로스가 가입했죠. 2007년에 루마니아와 불가리아, 2013년 크로아티아가 가입하면서 회원국은 28개가 되었습니다.

유럽연합과 영국의 어색한 동거

유럽석탄철강공동체가 출범했을 때, 영국은 이에 동참하지 않았습니다. 자신들은 이미 세계열강으로서 독자적인 위치에 있다는 것을 내세운 거죠. 당시 영국 수상이었던 처칠은 "우리는 유럽과 함께하지만 유럽의 일부가 되지는 않을 것이다."고 했습니다. 한때 세계를 제패했던 영국이었기에 얼마든지 독자적으로 미국과 대적할 만한 강한 존재라고 자부했던 거죠.

영국만 고자세를 보인 것은 아닙니다. 하나 되는 유럽을 주도한 프랑스 또한 영국의 가입을 반기지 않았죠. 유럽경제공동체는 한 국가라도 반대하면 안건이 채택되지 않는 만장일치로 의사결정을 했는데, 프랑스는 2차례나 영국이 유럽경제공동체에 들어오는 것을 반대했습니다.

사실 프랑스는 유럽 공동체가 미국과 당당히 경쟁할 수 있는 세력으로 성장하기를 원했는데, 만약 미국의 강력한 우방국인 영국이 들어온다면 경쟁체제보다는 유럽이라는 자유무역지대로 남을지 모른다고 우려했죠. 프랑스는 하나 된 유럽이 미국으로부터 독립된 하나의 세력으로 남고 싶었던 것입니다. 한편 미국의 입장은 소련과의 냉전시대에 강력한 우방이었던 유럽이 하나로 뭉쳐지기를 바라면서, 이러한 강력한 조직 안에 미국의 입장을 대변해줄 수 있는 든든한 우방인 영국이 존속하기를 바랐습니다.

이러한 복잡하게 얽힌 이해관계 속에서 영국의 경제 사정은 세계대전 이후 계속해서 더 나빠지기만 했고, 지푸라기라도 잡겠다는 심정으로 1973년 유럽경제공동체에 들어가게 된 것입니다. 이로써 유럽과 영국의 어색한 동거가 시작되었습니다. 결과적으로 볼 때, 영국은 유럽연합 안에서 금융 강국으로서 경제적 기반을 구축하고 다시 일어설 수 있었죠.

브렉시트,
"나 나간다… 진짜 나간다고!"

2016년 유럽은 물론 전 세계를 깜짝 놀라게 한 뉴스가 보도되었습니다. 바로 영국이 국민투표에서 유럽연합에서 탈퇴하겠다는 브렉시트(Brexit)를 결정한 것입니다. 이 결과에 대해서 유럽연합을 비롯한 세계는 물론 영국 국민들 대다수도 큰 충격을 받았습니다. 그렇다면 영국은 왜 브렉시트를 선택하게 된 걸까요?

영국은 왜 브렉시트를 하려는 걸까?

유럽연합 회원국으로서 영국은 노동자들의 자유로운 이동을 보장하는 유럽연합의 정책에 따라 영국으로 이주하는 노동자들을 거부할 수 없었습니다. 영국은 태어나서 죽을 때까지 무상복지를 원칙으로 하기 때문에 이주 노동자들에게도 영국의 복지 혜택을 모두 제공해야 했죠. 바로 이러한 복지 혜택이 영국의 재정 부담을 가중시킨다는 것이 브렉시트의 가장 큰 이유였습니다. 특히 2008년 세계 금융위기 이후 유럽은 전반적인 경기침체에 빠졌습니다. 게다가 끊임없이 유입되는 이주 노동자들에게 자신들의 일자리를 빼앗긴다고 생각한 영국민의 불만은 하루가 다르게 커져갔죠.

영국 국가보험 수혜 이민자 출신국가 상위 5개국(2016)

EU 국가	국가보험 등록건수	非EU국가	국가보험 등록건수
루마니아	179,000	인도	34,000
폴란드	109,000	호주	14,000
이탈리아	57,000	중국	13,000
스페인	48,000	파키스탄	12,000
불가리아	40,000	나이지리아	10,000
EU 합계	630,000	非EU 합계	195,000
총계		826,000	

※ 자료: 영국 통계청

특히 영국은 유럽연합에 독일, 프랑스, 이탈리아 다음으로 많은 예산을 부담해왔습니다. 반면에 유럽연합 예산에서 영국으로 지불되는 돈은 영국의 부담금의 1/3에 불과했죠. 브렉시트를 찬성하는 측에서는 "영국이 매주 3억 5,000만 파운드의 금액을 EU에 내느라 정작 영국의 학교나 병원에는 충분한 돈을 돌리지 않고 있다."며 불만의 목소리를 높였습니다.

영국 국민투표에서 탈퇴를 희망하는 표를 던진 사람들의 49%가 유럽연합을 떠나고 싶은 가장 큰 이유로 영국의 결정은 영국에서 내려져야 한다는 원칙을 꼽았죠. 유럽연합 회원국에게 적용되는 법안이 3,500개에 달하는데, 이러한 법률 규제에 의해 영국이 지불하는 비용은 76억 파운드나 된다고 합니다.

또한 1973년 유럽경제공동체에 가입할 당시만 해도 영국의 유럽의회 투표권은 20%였지만, 회원국이 점차 늘어나면서 지금은 10% 미만의 영향력을 행사할 뿐입니다. 즉 영국이 원치 않는 법안이 유럽의회에서 만들어져도 영국은 그것을 따르는 것은 물론 엄청난 비용까지 지불해야 한다는 것이 큰 불만이었던 것입니다.

영국이 유럽연합에서 탈퇴하기를 바라는 이유를 정리하면 첫째, 영국의 결정은 영국 내에서 이루어져야 한다는 것, 둘째, 이주민에 의한 영국의 재정 부담과 일자리를 빼앗기는 것, 셋째, 유럽연합 분담금으로 인한 재정적 부담이 크다는 것이었죠.

브렉시트를 결정하기까지의 숨 가쁜 여정

2010년부터 2016년 7월까지 영국 총리를 지낸 스코틀랜드 출신의 데이비드 캐머런은 2005년 마이클 하워드 대표가 총선에서 패배한 책임을 지고 물러나자 보수당 개혁과 집권을 내걸고 당 대표에 선출됐습니다. 2010년 총선에서 13년 만에 노동당을 제치고 보수당이 제1당으로 복귀하는 데 성공하면서 총리에 올랐죠. 캐머런 총리는 의회 과반 의석 확보를 위해서 보수 성향의 자유민주당을 연립정부로 끌어들였습니다. 여당 내 전통적인 EU 회의론자들의 유럽연합 탈퇴에 대한 목소리가 커지는 가운데, 연정 파트너인 자유민주당은 반대로 잔류를 지지했죠.

당내 EU 탈퇴파와 이를 반대하는 연정 파트너 자유민주당 사이에 낀 캐머런 총리는 국정 운영에서 운신의 폭이 좁아질 수밖에 없었습니다. 여기에 유로존(Eurozone)[1] 위기를 계기로 반(反) EU를 주창한 영국독립당(UKIP)이 급격히 세력을 불리는 등 영국 사회에서는 EU 회의론이 다시 부상했습니다. 이에 2013년 1월 영국의 캐머런 전 총리는 2015년 총선에서 보수당이 재집권할 경우 EU 내에서 영국의 회원국 지위 조정을 협상하고, 그에 따른 EU 탈퇴 여부에 대한 국민투표를 실시할 것이라는 공약을 내놓으면서 승부수를 던졌습니다. 그리고 총선에서 과반 의석을 차지하게 되죠.

2015년 11월 10일 영국의 캐머런 총리는 EU 정상회의에서 영국이 EU에 잔류하기 위한 4가지 조건을 제시했습니다. '이민자의 복지 혜택 축소, 영국 의회의 자주권 확보, 유럽연합 규제에 대한 영국의 선택권 부여, 비유로존 국가의 유로존 시장 접근 보장'이 그

....
1. EU의 단일화폐인 유로를 국가통화로 도입하여 사용하고 있는 국가나 지역을 공통으로 이르는 용어

Referendum on the United Kingdom's membership of the European Union		영국은 유럽연합의 일원으로 남아야 합니까 아니면 유럽연합을 떠나야 합니까?
Vote only once by putting a cross **X** in the box next to your choice		
Should the United Kingdom remain a member of the European Union or leave the European Union?		
Remain a member of the European Union	☐	"유럽연합의 회원으로 남아야 한다."
Leave the European Union	☐	"유럽연합에서 떠나야 한다."

브렉시트 투표용지
이 투표용지로 치러진 국민투표에서 영국은 유럽연합 탈퇴를 결정하게 됩니다.

것입니다. 2016년 2월 18일과 19일에 걸쳐 진행된 유럽연합 정상 회의에서 영국의 요구사항은 대부분 수용되었고, 캐머런 총리는 2016년 6월 23일 국민투표를 실시하겠다고 공식 선언했습니다.

그리고 2016년 4월 15일부터 국민투표를 위한 공식 캠페인이 시작되었죠. 'Vote leave'의 구호를 외치며 탈퇴를 요구하는 진영과 'Britain Stronger in Europe'을 외치며 잔류를 요구하는 진영 간의 치열한 홍보 각축전이 벌어졌습니다.

2016년 6월 23일 국민투표가 진행되었고, 유권자의 72.2%가 참가한 결과 탈퇴 51.9%, 잔류 48.1%로 영국은 유럽연합에서 탈퇴하는 것으로 결정되었습니다. 사실 캐머런 총리는 국민투표에서 EU 탈퇴 결과를 예측하지는 않았습니다. 하지만 잔류 의견이 쉽게 이길 것이라는 그의 예상과 달리 국민투표는 영국 사회의 세대, 지역, 계층 간

분열을 드러내면서 결국 탈퇴 결정으로 이어졌죠. 캐머런 총리의 정치적 도박은 참패했고, 졸지에 영국을 위기에 빠뜨린 것입니다.

아무도 예상치 못한 결과

영국 이전에도 다른 유럽 국가들 중에서 유럽연합을 탈퇴하려는 일부 시도가 있었습니다. 1992년 덴마크, 2001년과 2008년 아일랜드,

	지역	유효 투표율 (%)	잔류 투표율 (%)	탈퇴 투표율 (%)
1	스코틀랜드	67.2	62	38
10	런던	69.7	59.93	40.07
12	북아일랜드	62.9	55.8	44.2
8	사우스이스트	76.8	48.22	51.78
11	웨일스	71.7	47.47	52.53
7	사우스웨스트 ·지브롤터	76.7	47.37	52.63
3	노스웨스트	70	46.35	53.65
9	이스턴	75.7	43.52	56.48
4	요크셔 · 험버	70.7	42.29	57.71
2	노스이스트	69.3	41.96	58.04
6	이스트 미들랜드	74.2	41.18	58.82
5	웨스트 미들랜드	72	40.74	59.26

브렉시트 투표 결과
지역적으로 볼 때 신자유주의 정책의 피해를 입은 북부와 북동부의 탈퇴비율이 높습니다.

영국의 지역구분

잉글랜드, 웨일스 그리고 스코틀랜드를 합쳐서 Great Britain(GB)이라고 한다. GB와 북아일랜드(Northern Ireland)가 통합되어 영국(United Kingdom)을 이루고 있으며, 미국과 같은 합중국 형태를 띠고 있다.

2003년 스웨덴, 2005년 네덜란드와 프랑스, 2015년 그리스는 유럽연합을 탈퇴하기 위한 국민투표를 실시했었지만 국민들은 유럽연합에 남는 쪽을 택했습니다.

그러나 영국은 달랐죠. 브렉시트 국민투표 결과는 찬성이 51.89%(17,410,742표), 반대가 48.11%(16,141,241표)로 영국이 유럽연합에서 탈퇴하는 것으로 결정이 났습니다. 지역적으로 보면 런던을 제외한 잉글랜드 전 지역에서 탈퇴가 더 많았고, 웨일스도 탈퇴가 더 많았죠. 특히 과거 대처의 신자유주의 정책의 피해를 받은 지역인 북부와 북동부지역의 탈퇴 비율이 높았습니다.

스코틀랜드(잔류 62% : 탈퇴 38%)와 북아일랜드(55.7% : 44.3%)에서는 잔류가 우세한 반면, 잉글랜드(46.8% : 53.2%)와 웨일스(48.3% : 51.7%)에서는 탈퇴 의견이 앞섰죠. 유권자가 가장 많은 잉글랜드는 런던을 제외한 대부분의 지역에서 탈퇴표를 던졌습니다. 전통적인 공업 지역에서 브렉시트에 찬성하는 표가 많이 나왔는데, 아마도 이 지역들은 이민자들에 대한 반감이 상대적으로 강했기 때문으로 분석됩니다.

연령별 투표율과 유럽연합 잔류 투표 비율

연령(세)	투표율(%)	유럽연합 잔류 투표 비율(%)
18~24	36	73
25~34	58	62
35~44	72	52
45~54	75	44
55~64	81	43
65 이상	83	40

영국 스카이뉴스의 설문조사에 따르면 브렉시트에 대한 연령별 투표율을 보면, 18~24세는 36%, 25~34세는 58%, 35~44세는 72%, 45~54세는 75%, 55~64세는 81%, 65세 이상은 83% 등 연령대가 높아질수록 투표율이 높았던 것으로 나타났습니다.

영국 전문 설문조사 기관인 에쉬크로프트의 조사를 보면 EU 잔류 투표율은 18~24세 73%, 25~34세 62%, 35~44세 52%, 45~54세 44%, 55~64세 43%, 65세 이상 40%로 연령대가 높아질수록 점점 낮아졌습니다. 브렉시트의 영향을 가장 많이 받을 젊은 층의 투

계층에 따른 탈퇴 투표 비율

계층	인구비율(%)	탈퇴 투표 비율(%)
A: 경영·관리·전문직(상급)	4	43
B: 경영·관리·전문직(중급)	23	
C1: 감독직, 사무직, 경영·관리·전문직(하급)	27	51
C2: 숙련 육체 노동자	21	64
D: 반숙련 또는 미숙련 육체 노동자	16	64
E: 연금 생활자, 일용직 노동자, 사회 부조에 의존하는 실업자	9	

※자료: 애쉬크로프트, 《브렉시트, 무엇이고 왜 세계적 쟁점인가》, 71쪽 재인용

표율이 가장 낮았고, 그들이 원하는 방향으로 국민투표 결과도 나오지 않았죠. 영국의 젊은이들은 이제 브렉시트로 인해 향후 약 70년간 지금과 다른 삶을 살아야 합니다. 앞으로 이들의 학업, 여행, 취업 등 삶의 여러 영역에 큰 영향을 받게 될 테니까요.

위 자료를 보면 A와 B집단은 탈퇴 투표율이 절반이 되지 않고, C·D·E 집단은 탈퇴투표 비율이 잔류 투표비율보다 높습니다. 즉 상류층은 유럽연합에 잔류하자는 비율이 높고, 중·하류층은 유럽연합에 탈퇴 투표 비율이 높다는 것을 알 수 있습니다. 특히 공공임대주택 거주자들의 경우 무려 2/3가 탈퇴를 희망했다고 합니다. 이는 중·하류층일수록 이민자에게 느끼는 거부감이 크기 때문이라고 분석하고 있습니다.

브렉시트 국민투표,
그 후…

　　　　　　　　　　　　　유럽연합 정상회의(European Council)에 영국이 탈퇴 의사를 통보하면 탈퇴 절차가 시작되며, 2년 이내에 탈퇴 협상을 완료해야 하고, 2년이 경과하면 자동으로 탈퇴 처리가 됩니다. 2017년 3월 29일 23시 EU의 헌법 격인 리스본조약 50조에 따라 영국은 EU에 탈퇴 의사를 공식 통보했습니다. 원칙적으로는 탈퇴 2년 후인 2019년 3월 29일에 탈퇴 처리가 되어야 합니다. 50조 1항에서 "모든 회원국은 자국의 헌법규정에 의거해 EU 탈퇴 결정이 가능하다."고 규정하고 있습니다. 아울러 50조 3항에는 "탈퇴협정 발표일 혹은 탈퇴 통보 후 2년 경과시점부터 리스본조약 효력이 중단된다. 단 회원국 만장일치 시 탈퇴 통보 후 주어지는 기간(2년) 연장이 가능하다."고 나와 있죠.

브렉시트 이후 영국과 유럽연합은 어떤 관계를 맺게 될까?

유럽연합과 영국은 긴 협상을 통해 합의안을 마련했습니다. 585쪽 분량의 EU 탈퇴 협정은 브렉시트 전환(이행)기간, 분담금 정산, 상대국 국민의 거주 권리 등 유럽연합 탈퇴 조건에 관한 내용을 담았습니다. 26쪽 분량의 '미래관계 정치선언'은 브렉시트 이후 진행될 미래관계 협상의 기본토대로, 무관세와 양적 제한 없는 경제적 파트너십 보장, 상품교역 자유무역지대 조성을 위한 포괄적 준비, 단기 여행 시 비자 면제 등의 내용이 포함되었습니다.

그런데 2019년 1월 15일 메이 총리의 브렉시트 합의안이 찬성 202표, 반대 432표로 하원의원 역사상 최대 표차로 부결되고 맙니다. 영국 하원의 승인투표에서 합의안이 2번이나 부결되면서 합의안 없는 노딜(No deal) 브렉시트의 가능성이 높아졌습니다. 영국은 유럽연합에 브렉시트를 3개월 연장해줄 것을 요청했고, 이에 유럽연합은 브렉시트 시기를 4월 22일로 연기해주었죠. 만약 이때도 부결된다면 5월 22일로 연기하는 수정안을 승인했습니다.

• 소프트 브렉시트 VS 하드 브렉시트

유럽연합을 탈퇴한 이후 영국과 유럽이 앞으로 어떤 관계를 맺게 될 것인가는 초미의 관심사입니다. 크게 2가지 방식으로 구분해볼 수 있습니다. 먼저 '소프트 브렉시트(Soft Brexit)'입니다. 유럽연합을 탈퇴한 후에도 유럽연합의 회원국과 유사한 지위를 유지하며 유럽연합의 시장에 자유롭게 접근하고, 자유로운 노동 이동이나 유럽연합 분담금 등에 대한 의무를 일부 수용하는 형태를 말하죠. 한편 영국의 이민자 통제권, 독자적인 법률 제정권 등을 보장받고, 유럽연합의 단일 시장에 자유롭게 접근하지 못하는 '하드 브렉시트(Hard Brexit)'가 있습니다. 이 중에서 많은 전문가들은 후자가 될 가능성이 높다고 예측하고 있죠.

브렉시트 국민투표의 주요 쟁점이 이민자 문제였던 점을 감안하면 영국은 자유로운 노동의 이동에 대해서는 양보하지 않을 것으로 전망됩니다. 하지만 유럽연합 또한 유럽연합의 핵심가치인 '4대 대이동의 자유', 즉 상품, 서비스, 자본, 노동 이동의 자유를 포기하지 않을 것이기 때문에 협상은 결코 쉽지 않을 것입니다.

독일과 프랑스에 이어 유럽연합 재정 분담비율이 높은 영국이 탈퇴를 하면 유럽연합이 받게 될 재정적 타격은 클 수밖에 없습니다. 이러한 이유로 유럽연합이 영국을 달래며 협상을 진행할 것이라는 전망도 있지만, 브렉시트 국민투표의 또 다른 쟁점 중 하나가 재정 분담금 문제였다는 것을 감안하면 영국은 재정 분담금에 대해서도 호락호락 양보하지 않을 것으로 보입니다. 이러한 여러 가지 이유들로 브렉시트 협상은 난항이 예상됩니다.

실제로 브렉시트 국민투표 이후 유럽연합의 주요국 정상들은 브렉시트에 대해 단호한 입장을 보였습니다. 마테오 렌치(Matteo Renzi) 이탈리아 전 총리[3]는 "유럽연합이 영국에게 유럽연합 이외의 다른 국가들보다 더 많은 권한을 주는 것은 불가능하다."고 말했고,

독일의 앙겔라 메르켈(Angela Merkel) 총리 또한 "유럽연합의 근본 원칙은 지켜져야 하며, 단일시장에 대한 접근과 4대 이동의 자유가 연결되지 않으면 다른 국가의 유럽연합 탈퇴가 우려된다."고 말했습니다. 프랑스의 프랑스와 올랑드(Francois Hollande) 전 대통령[4]도 "영국이 아무런 대가 없이 탈퇴한다면 유럽 내의 분열이 일어날 것이다."고 말하며 브렉시트에 대한 강경한 입장을 표명했죠.

영국을 탈출하려는 다국적기업들, 브렉소더스는 현실이 될까?

최근 브렉시트와 함께 떠오르는 또 다른 용어가 있습니다. 그것은 바로 브렉소더스(Brexodus)입니다. 브렉소더스란 'brexit'에 탈출을 의미하는 'exodus'를 합친 말로, 쉽게 말해 브렉시트로 인해서 영국에서 수많은 다국적 기업들이 탈출하는 현상을 가리킵니다. 기업들은 앞으로 어떤 일이 벌어질지 모른다는 불안감에 투자를 꺼리고 있죠.

유럽연합 안에서 영국의 런던은 세계 금융의 중심지로 자리를 잡아왔습니다. 유럽연합의 금융서비스 패스포트(passport)가 오늘날 런던을 세계 금융의 핵심으로 만들었다고 볼 수 있죠. 금융 패스포트는 1993년 처음 도입되었으며, 유럽연합의 모든 국가들이 동일한 금융 감독 기준을 가지고 있기 때문에 한 국가에서 인가를 받으

....
2. 재임기간 2014~2016년
3. 재임기간 2012~2017년

면 유럽연합 내 다른 국가에서는 인가 없이 금융 서비스 제공과 사업을 할 수 있는 제도를 말합니다.

비유럽연합 국가가 유럽연합에서 금융업을 하려면 유럽연합 국가에 자회사를 설립하여 인가를 받고 금융 패스포트를 적용받아 유럽연합에 금융사업을 할 수 있는 거죠. 그동안 비유럽연합 국가의 글로벌 대형 금융기업들은 유럽의 본부로 영국의 런던을 택했던 것입니다. 금융 패스포트 덕분에 영국에서 운영되는 금융회사만 5,500여개에 이르고, 고용 규모는 60만 명, 연간 수익은 500억 파운드로 영국은 엄청난 경제적 이익을 가져갈 수 있었습니다.

하지만 앞으로 영국이 유럽연합에서 탈퇴한다면 더 이상 이러한 특혜를 받을 수 없기 때문에 지금과 같은 금융 중심지로서의 지위를 잃을 수도 있습니다. 어쩌면 유럽연합 내 다른 나라로 금융 중심지가 이동할지도 모르는 일입니다. 왜냐하면 유럽연합은 이러한 금융 패스포트를 일반적인 비유럽연합 국가와의 FTA에서 인정해준 적이 거의 없기 때문이죠.

2019년 발표된 '브렉시트에 대한 은행·금융 산업 대응 방식 분석'이라는 보고서를 보면 영국의 금융관련 기업들 중 269곳이 기업의 일부를 이전, 직원 파견, EU권역에 새로운 법인 설립 등의 조치를 취하고 있는 것으로 나타났습니다. 이로 인해 영국에 머물던 1천188조 원에 해당하는 자산이 이미 EU로 이동한 것으로 파악되었죠. 특히 대형 금융회사들이 아일랜드의 더블린(30%), 룩셈부르크(18%), 프랑스 파리(12%), 독일 프랑크푸르트(12%), 네덜란드 암스테르담(10%), 스페인 마드리드(4%), 벨기에 브뤼셀(3%), 스웨덴 스톡홀름(1%)으로 이전하고 있습니다. 향후 아일랜드의 더블린이 런던의 지위를 물려받을지에 대해 귀추가 주목됩니다.

우리에게 잘 알려진 다국적 기업의 본사들도 잇따라 영국을 떠날 준비를 하고 있습니다. 우선 일본의 전자제품 기업 소니는 런던에서 네덜란드 암스테르담으로 본사를 이전한다고 발표했습니다. 영국을 대표하는 가전제품 업체 다이슨 또한 싱가포르로 본사를 이전한다고 발표하는 등 대기업들의 본사가 영국을 빠져나가고 있습니다. 이미 브렉소더스가 시작된 거죠.

유럽연합을 총괄하는 본사를 영국에 두고 있는 기업들이 영국에 투자하는 중요한 이유 중 하나가 '유럽시장에 대한 접근성'인데, 브렉시트는 사실상 이러한 투자자들의 유인책을 상실하는 결과를 초래합니다. 따라서 그들은 더 이상 영국이 매력적인 투자처가 못된다고 판단하고 떠나고 있는 것입니다. 이는 분명 영국 경제에 큰 악영향을 미칠 것으로 예측됩니다.

기업들뿐만 아니라 사람들도 빠져나가고 있습니다. 유럽연합에서 탈퇴하면 유럽연합 국가로 이동하는 데 제약이 따르게 됩니다. 이에 유럽연합 가입국가의 국적을 취득하려는 사람들이 늘어나고 있다고 합니다. 국민투표에서 브렉시트가 결정된 다음해인 2017년에 이미 독일 국적을 취득한 사람이 7,439명으로 2015년 브렉시트 이전의 무려 12배에 달했습니다. 아일랜드는 조부모가 아일랜드인이라는 것이 증명되면 쉽게 국적을 취득할 수 있어서 이중국적을 신청한 영국인이 9만 명에 육박한다고 합니다. 유럽연합 출신 의사들도 브렉시트 이후 신분상 불이익을 우려하여 본국으로 돌아가면서 의료 서비스 시스템에도 문제가 생기고 있습니다. 이런 상황 속에서 영국인들 사이에는 브렉시트를 후회한다는 뜻의 리그렉시트(Regrexit)[4] 여론이 확산되고 있는 실정입니다.

영국과 유럽연합의 FTA 협상 시나리오

영국이 유럽연합에서 탈퇴하면 유럽연합과 영국 간에는 FTA가 체결되어야 합니다. 유럽연합이 지금까지 개별 국가와 맺어온 FTA 협상 모델들에 관해 살펴보면 앞으로 유럽연합과 영국이 체결하게 될 협상을 예측해볼 수 있을 것입니다.

첫째, 노르웨이 모델입니다. EEA에 가입하였고, 유럽연합의 단일시장에 가장 광범위하게 접근하여 금융 패스포트까지 보유하고 있습니다. 단 자유로운 노동의 이동, 유럽연합 규정 시행, 재정 부담 등의 의무를 이행해야 합니다. 둘째, 스위스 모델입니다. 100여 건의 부분 협상을 통해 유럽연합의 단일시장에 접근하고 있으며, 노동의 이동, 재정 분담금, 유럽연합의 경제관련 규정의 시행 의무를 이행하고 있습니다. 셋째, 터키 모델입니다. 유럽연합 관세동맹에 가입

....
4. 후회한다는 뜻의 regret와 brexit의 합성어

하여 공산품과 가공 농산품에 대해서는 무관세로 거래하고 있으나, 서비스업은 제외되고 있죠. 공산품 분야에 대해서는 유럽연합의 경제규정을 따르고 있습니다. 넷째, 캐나다 모델입니다. 대다수의 상품의 관세를 단계적으로 폐지하고 서비스 시장까지 자유무역의 규모가 확대될 예정이지만, 금융 서비스업은 예외로 두고 있습니다. 또 자유로운 노동의 이동, 유럽연합 재정 분담, 유럽연합 규정의 국내시행 의무는 없습니다.

유럽연합과 영국의 FTA 협상 모델

	EU 단일시장 접근성			
	상품 관세 면제	세관 절차 면제	서비스 시장 접근	금융 패스포트
EU 회원국	○	○	○	○
노르웨이 모델	△	×	○	
스위스 모델	△	×	△	
터키 모델	△	○	×	×
캐나다 모델	△	×	△	×

	필요조건			EU 법규정 개정참여	비EU 국가와 독자적 통상 협정 체결
	자유로운 노동의 이동수용	EU재정 분담금	EU법규정 국내법 반영		
EU 회원국	○	○	○	○	×
노르웨이 모델	○	○	○	×	△
스위스 모델	○	○	○	×	△
터키 모델	×	×	△	×	△
캐나다 모델	×	×	×	×	○

※자료: 한국은행 런던사무소

이 네 가지 모델 중 가장 유력해 보이는 것이 캐나다 모델입니다. 하지만 유럽연합과 캐나다의 FTA 협상은 무려 7년이나 소요되었고, 유럽연합 회원국의 비준에도 2년이 소요된 점 등을 감안할 때 협상이 장기화될 것으로 전망되면서 영국에 대한 시장의 불안정성은 점점 더 커져가고 있는 상황입니다.

게다가 영국은 유럽연합과의 FTA만 다시 체결해야 하는 것이 아닙니다. 과거 유럽연합과 FTA를 체결한 53개국과도 새로운 FTA를 체결해야 하죠. 현재 유럽연합과 FTA 협상을 진행 중인 미국, 중국, 인도, 호주 등의 국가들은 경제규모 면에서 큰 시장이므로 영국 입장에서는 빠른 FTA 협상이 필요한 실정입니다. 하지만 이들 국가들은 유럽연합과 영국의 FTA 조건에 대해 알 수 없기 때문에 영국과의 협상을 서두르지 않을 것으로 전망됩니다.

브렉시트가 우리나라에 미칠 영향은?

한국무역협회에서 발표한 '브렉시트 시나리오별 주요국의 GDP 영향'을 살펴보면 합의안 없이 브렉시트가 결정되면 우리나라는 2030년까지 GDP가 0.064%(약 9,300억 원) 감소할 것으로 예상했고, 영국은 6%, 유럽연합은 1%가 감소할 것이라고 전망했습니다. 우리나라는 영국에 대한 무역 의존도가 0.8%에 불과하고, 유럽연합에 대한 의존도도 6.5%로 낮은 편이라 노딜 브렉시트에 의한 영향이 크지 않을 것이라고 분석한 거죠. 만약 영국과 유럽연합이 자유무역을 허용하는 유럽경제지대(EEA)를 합의안으로 선택할 경우 우리나라에 미치는 영향은 0.012%로 아마 더 낮아질 것입니다. 하지만 그 영향이 크지 않더라도 브렉시트의 불확실성에 대비하기 위해 2019년 8월 우리나라는 한-EU FTA 수준으로 영국과 FTA를 체결했습니다.

독립 의지를 보이는 스코틀랜드

앵글로 색슨족의 영국과 달리 스코틀랜드는 캘트족의 후손으로 게일어를 사용합니다. 오랜 기간 동안 독립전쟁을 치러온 스코틀랜드는 지속적으로 영국으로부터의 독립에 대한 갈망이 컸던 지역이었죠. 2014년 9월 영국으로부터 분리 독립에 대한 주민투표를 실시하였지만 찬성 44.7%, 반대 55.3%로 부결되었습니다.

하지만 스코틀랜드는 브렉시트 국민투표에서 유럽연합에 남겠다는 비율이 62%로 가장 높았습니다. 그만큼 자신들과 의견이 일치하지 않는 영국에서 벗어나 이참에 독립하겠다는 의지를 다시 표출할 수도 있습니다. 다만 아직까지는 스코틀랜드가 독립하기 위해 필요한 정치·경제면에서의 준비가 부족하다는 점에서 가능성이 그리 높아 보이지는 않습니다. 하지만 큰 경제적 수입원이 될 수 있는 북해유전이 있기 때문에 향후 유가가 더 상승한다면 독립에 대한 여론이 더욱 뜨거워질 가능성도 있습니다.

2019년 7월, 영국의 새 총리에 브렉시트 강경파로 알려진 보리스 존슨 전 외무장관이 선출되었습니다. 그는 오는 2019년 10월까지 브렉시트를 끝내겠다는 입장으로 자칫 '노딜 브렉시트(No Deal Brexit)'의 우려가 높은 상태입니다. 이에 EU는 '노딜 브렉시트'는 영국이나 유럽연합 양측에 비극임을 강조하면서 브렉시트 합의문에 대한 재협상이 없다는 강경한 입장을 취하고 있죠.

우리가 궁금한 것은 브렉시트 그 이후입니다. 브렉시트 이후 영국은 물론 유럽 전체에도 크나큰 변화를 가져올 것으로 예상됩니다. 특히 영국 런던은 유럽을 대표하는 세계적인 금융도시로 자리 매김해왔지만, 향후 그 자리를 다른 도시에게 넘겨줄 가능성도 점쳐지고 있습니다. 금융업 중심의 영국 경제에도 타격은 불가피할 것입니다.

또한 영국 내에서 브렉시트 반대의 목소리를 내온 스코틀랜드에서는 분리 독립 목소리가 더욱 거세질 것이며, 이러한 분리 독립의 요구는 민족주의의 바람을 타고 유럽 전체로 퍼져나갈 가능성도 있습니다. 최근 유럽에 급증한 난민 문제와 어수선한 사회분위기와 함께 영국에 이어 유럽연합을 탈퇴하는 나라들도 나타날 수 있죠. 그렇다면 '유럽연합'의 영향력도 지금과 달리 많이 약해질 것으로 전망됩니다. 유럽연합으로 똘똘 뭉쳐 한동안 평화로운 시절을 보내온 유럽에 어쩌면 새로운 제국주의 세력이 등장할지도 모르는 일이죠. 아직은 모든 것이 불확실합니다. 영국이 쏘아올린 공, 브렉시트가 가져올 변화에 세계가 주목하는 이유입니다.

유럽의 분리 독립운동

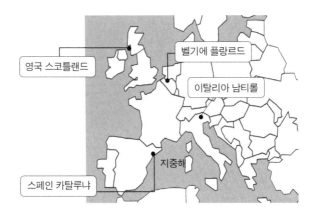

영국 스코틀랜드

벨기에 플랑르드

이탈리아 남티롤

지중해

스페인 카탈루냐

유럽의 분리 독립 운동
브렉시트는 향후 유럽의 분리 독립운동에 불을 붙일 수 있습니다.

유럽 사람들은 '유럽'이라는 정체성이 국가의 정체성보다 높다. 특히나 유럽연합 안에서만 생활해온 젊은층에서는 그러한 경향이 더욱 뚜렷하게 나타난다. 바로 이것이 하나의 유럽이 유지되는 원동력일 것이다. 이렇게 하나의 유럽을 만들어가는 과정에서 독립을 하고자 하는 지역이 있다. 이들 지역들은 현재의 국경이 만들어지기 전에 형성된 고유한 지역 정체성을 바탕으로 국가의 영역이 자신들의 정체성과 맞지 않다고 주장한다. 하지만 이러한 지역들이 분리 독립을 희망하는 것은 대부분 경제적인 이유 때문이다.

에스파냐의 카탈루냐는 에스파냐에서 가장 부유한 지역으로 1714년 에스파냐 왕위계승 전쟁 때 에스파냐에 귀속되었지만, 독자적인 언어와 문화를 가지고 있다고 주장하며 독립을 원하고 있다. 하지만 자기들의 돈으로 가난한 남부지역을 먹여 살리고 있다는 불만이 독립을 주장하는 가장 큰 이유라고 해석하는 사람들이 많다.

이탈리아의 남티롤은 주민의 75%가 독일어를 사용하는 게르만족 계통의 민족으로 과거에는 오스트리아에 속한 지역이었다. 이러한 이유로 독립을 요구하지만, 경제적으로 부유한 자신들이 손해를 보고 있다는 생각이 기저에 깔려 있다.

벨기에의 플랑드르는 네덜란드어와 플랑드르어를 사용하지만, 벨기에 남부지역은 프랑스어를 사용하며 서로 다른 국가가 하나로 뭉쳐져 있다고 볼 수 있는 지역이다. 부유한 플랑드르 지방 사람들의 세금이 가난한 남부지방으로 가는 것에 대한 불만 때문에 역시 독립을 요구하고 있다.

2018년 남북정상회담 이후 훈풍이 불던 남북관계는 2019년 2월 북미 하노이회담 결렬 이후 냉기류를 타야 했습니다. 그런데 2019년 6월 한미 정상회담을 위해 우리나라를 방문한 도널드 트럼프 미 대통령이 판문점 자유의 집에서 북한 김정은 국무위원장과 만나 깜짝 북미정상회담이 성사되면서 새로운 기대감을 안겨주기도 했죠. 하지만 아직도 흐림과 맑음을 반복하고 있습니다. 최근 일본의 경제보복으로 나라 안팎이 시끄러운 가운데, 평화통일에 대한 갈망은 점점 더 높아지고 있습니다. 물론 아직은 평화통일은 고사하고 종전협상까지도 갈 길이 멀지만, 한반도의 평화는 우리에게 매우 중요한 과제입니다. 역사적으로도 우리는 반도라는 지리적 특성으로 인해서 일본을 포함해 수많은 외세의 침략을 받아야 했습니다. 앞으로 한반도에서 전쟁 걱정이 완전히 사라지면 우리는 경제발전에 더욱 매진할 수 있을 것이고, 대륙으로의 진출도 훨씬 용이해질 것이며, 미국과 중국이라는 강대국 사이에서 좀 더 뚜렷한 자기 목소리를 낼 수도 있을 것입니다. 그런 의미에서 마지막장에서는 가깝지만 먼 나라 북한에 대해 살펴보려고 합니다.

CHAPTER 07

통일과
경제

"북한, 어디까지 알고 있니?"

북한이
달라지고 있다

우리가 떠올리는 북한은 아마도 가난에 찌든 사회주의 국가에서 크게 벗어나지 않을 것입니다. 우리가 북한에 대해 알 수 있는 방법은 가끔씩 언론에서 전해주는 모습이 전부였으니까요. 그런데 과연 지금도 그들은 오직 그러한 모습으로만 살아가고 있을까요?

장마당에서 자본주의를 배우다

사실 한국전쟁 이전까지만 해도 북한은 우리나라에 비해 잘사는 나라였습니다. 게다가 북한은 남한에 비해 천연자원도 풍부한 편이었죠. 하지만 한국전쟁 이후 우리나라가 급속한 산업화와 눈부신 경제성장을 이룬 것과 대조적으로 북한은 정체된 모습이었습니다. 그러다가 1990년대 중반 자연재해와 김일성의 사망 등으로 북한의 사회·경제는 심각한 위기에 빠지고 말았죠.

경제위기와 함께 체제는 흔들렸고, 제대로 먹고 살기조차 힘들었던 이 시기를 북한 주민들은 '고난의 행군'이라고 불렀습니다. 이 시기에 국가는 인민들을 먹여 살릴 만한 능력이 없었고, 이에 북한 사람들은 굶어 죽기 직전 자신들이 가지고 있던 집안 물건까지 내다 팔면서 하루하루 끼니를 준비해야만 했죠. 이렇게 내다파는 물건이 사고팔리던 곳이 바로 장마당입니다.

처음 장마당은 보안요원의 감시를 피해서 이곳저곳을 옮겨다니며 장이 열리다 보니 메뚜기장이라는 이름으로 불리기도 했다고 합니다. 이렇게 시작한 장마당은 10일장으로 열리다가 지금은 매일 장이 열리고 있으며, 2003년에는 북한 정부가 인민 생활에 편의를

ⓒuritours.com

문수물놀이장
북한의 돈주들은 우리나라의 워터파크와 같은 물놀이장 외에도 각종 사업과 외국 기업과의 무역에도 투자하고 있습니다.

제공하는 경제적 공간인 시장을 공식적으로 인정하면서 북한의 시장경제가 본격화되었습니다. 북한의 장마당은 현재 800여 개 가까이 운영되고 있다고 합니다. 탈북자들을 대상으로 장마당에서 옷을 산 경험을 물었을 때 95%가 있다고 답한 것을 보면 북한에도 이미 시장경제가 깊숙이 들어섰다고 짐작해볼 수 있습니다.

장마당에서 인기 있는 물건 중 하나는 태양열 전지 패널이라고 합니다. 이 물건을 사는 사람들은 주로 북한말로 '살림집'이라 불리는 아파트에 거주하는 사람들입니다. 북한 내 전력 공급이 불안정하다 보니 국가의 전기 공급에 의존하지 않고, 개인이 스스로 그 문제를 해결하려는 거죠. 북한 자본주의의 현주소를 보여주는 사례라고 할 수 있습니다. 장마당에서 초기에 거래되었던 상품들은 주로 먹고 살기 위한 생필품 중심이었다고 합니다. 하지만 지금은 전자제품, 의약품, 수입품 등 한층 다양한 제품들이 거래되고 있으며, 최근 장마당에서 거래되는 DVD를 통해서 남한의 문화와 유행이 북한 사회에도 확산되고 있다고 합니다.

장마당에서 돈을 모은 사람들은 장마당에서 장사를 크게 하거나, 마치 은행처럼 대출을 해주고 이자를 받는 수익사업을 벌이고, 나아가 여러 개발 사업에 투자하기도 했죠. 이들은 많은 돈으로 막강한 영향력을 행사했는데, 이들을 돈의 주인이라는 뜻으로 '돈주'라고 부릅니다. 돈주들은 우리나라의 워터파크를 능가하는 문수물놀이장 같은 북한 정부가 심혈을 기울인 국책사업과 외국 기업과의 무역에도 투자하는 세력으로 성장하였습니다.

평해튼의 스카이라인

평양 시내에는 최근 들어 초고층 아파트 단지가 속속 들어서기 시작했습니다. 이를 본 어느 미국의 신문 기자가 마치 뉴욕의 맨해튼과 비슷하다고 하여 이곳을 '평해튼'이라고 부르기도 했죠.

평양은 2012년에 '창전 거리', 2013년에 '은하 거리', 2014년에 '위성 거리', 2015년에 '미래과학자 거리', 2017년에 '려명 거리'가 완성되어 서울을 능가하는 스카이라인을 완성했습니다. 이 지역 아파트의 1·2층은 상업시설이 들어서 있는 주상복합단지 형태의 건물로,

ⓒwikipedia 재사용

평양의 려명 거리
마치 뉴욕의 맨해튼을 방불케 할 만큼 평양에는 고층빌딩들이 즐비합니다.

30층을 넘는 고층 아파트들이 즐비하고, 최고층은 려명 거리의 82층짜리 아파트가 있습니다.

그런데 이 아파트에 사는 사람들은 누구일까요? 몇몇 국내 언론에서는 '초호화 삶을 사는 평양 사람들'이라는 내용의 기사로 북한의 빈부격차를 극단적으로 표현하기도 했습니다. 하지만 실제로 이 아파트에 거주하는 사람들은 평양의 평범한 시민들이라고 합니다. 물론 북한에서는 평양에 거주한다는 것 자체만으로 이미 특권이기는 합니다. 그렇다고 평양에 거주하는 사람들 중 오직 극소수의 부자들만이 이 아파트에 거주하는 건 아니라는 거죠.

이 아파트에 입주한 사람들은 누구일까요? 먼저, 아파트가 지어지기 전에 거주했던 원주민들입니다. 우리나라의 경우 철거 재개발이 일어나면 원주민에게 아파트 분양권을 우선 제공하기는 하지만, 차액을 감당하지 못해 어쩔 수 없이 살던 곳에서 쫓겨나야 하는 문제가 지속적으로 나타나는 것과는 사뭇 대조적인 모습입니다. 북한은 부동산이 국가의 소유이므로 재건축으로 지어진 새로운 아파트에 원래 살던 주민이 차액 없이 입주할 수 있습니다. 이러한 이유로 우리가 '돈벼락을 맞았다'는 표현을 쓰는 것처럼 북한 사람들은 '철거 맞았다'라는 표현을 쓴다고 합니다.

또한 아파트를 건설할 때 일을 한 건설 노동자와 주변의 교육기관 근로자들도 아파트 입주권을 가진다고 합니다. 예컨대 김책종합과학대학 근처에 있는 미래과학자 거리에는 김책종합과학대학의 교수와 연구원들이 거주하고 있고, 려명 거리에는 김일성종합대학의 교직원들이 거주하고 있다고 합니다.

또 우리나라 사람들에게는 아파트가 몇 평인지가 중요하지만, 북한의 아파트는 방이 몇 개인지를 더 중요시한다고 합니다. 아파트 입주자들에게 우리나라의 등기부등본과 같은 입사증을 주는데, 여기에는 아파트의 평수는 적혀 있지 않고 방의 개수만 적혀 있죠. 방의 개수는 거주하는 사람의 수와 비례한다고 합니다.

최근 우리나라의 경우 살고 있는 아파트가 어디에 있고 또 평수가 몇 평인지에 따라 사회·경제적 지위를 평가하곤 합니다. 게다가 이러한 것들이 계층 갈등을 유발하여 적잖은 사회문제의 원인이 되고 있는 게 현실이죠. 이에 비해 방의 개수가 몇 명의 가족이 함께 살고 있는지를 보여주는 기준이 되는 북한의 아파트가 어쩐지 개인적으로는 좀 더 정감이 가는 것 같습니다.

평양 노랭이

평양은 북한의 특권층이 사는 곳이다. 이 특권층의 계층은 독립운동가의 후손, 전쟁이나 혁명에 공을 세운 사람의 후손, 당의 간부와 가족으로 구성되어 있다. 평양에는 다른 지역주민들이 자유롭게 이주해올 수 없기 때문에 더더욱 특권의식이 높다. 평양 주민은 다른 지역주민을 무시하거나 힘든 일을 하지 않는 경향이 강하다고 하여 '평양 노랭이'라고 불리기도 한다.

이제 굶주리지 않는다

우리가 생각하는 북한 사람들의 생활 중 언론에서 자주 언급되는 '식량 지원' 때문인지 몰라도 북한 사람들은 모두 혹독한 굶주림에 시달리고 있다는 인식이 지배적일 것입니다. 하지만 실제 상황을 들여다보면 조금 과장된 측면이 없지 않은 것 같습니다. 2016년 서울대통일평화연구원에서 탈북자들을 대상으로 설문조사한 결과를 보면 하루 세끼를 먹었다는 응답자가 86.4%, 고기를 일주일에 한두 번 이상 먹는 사람이 54.5%로 북한 사람들이 모두 굶주림에 고통받고 있다는 우리의 인식이 다소 과장되었음을 보여줍니다.

이러한 변화를 일으킨 핵심은 북한의 농업에 대한 개혁 조치에 있습니다. 북한은 10~25명의 사람들이 모인 분조라는 조직으로 협동농장에서 일을 하고, 이들이 생산한 작물의 50%를 토지 이용료, 물, 전기, 농약 대금으로 국가에 내고, 나머지는 똑같이 나누어 가졌죠. 하지만 이러한 사회주의 체제의 공동분배는 일하지 않는 사람들에게 똑같이 이익을 분배하는 문제로 노동의욕을 떨어뜨렸고, 이는 생산량 감소로 이어져 결국 북한의 식량 문제를 가져온 원인이 되고 말았습니다.

이에 2012년 6월 협동농장의 개혁에서 분조의 단위를 4~6명으로 줄였죠. 그 결과 가족 단위의 농업 생산이 가능해졌습니다. 또한 소수의 인원이 협업하다 보니 어느 한 사람도 쉽사리 게으름 피울 수 없게 되면서 생산량도 자연히 늘어났죠. 또한 생산량의 30%만 국

남북한의 농업

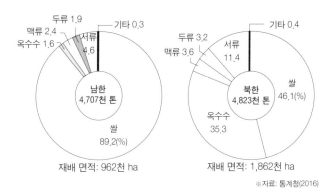

재배 면적: 962천 ha

재배 면적: 1,862천 ha

※자료: 통계청(2016)

곡물 생산비중

북한이 남한과 비교해 가장 두드러진 특징은 옥수수의 재배 비율이 높다는 점입니다. 상대적으로 평야가 발달한 우리나라는 쌀농사 비중이 압도적인 데 반해 산지 비중이 높은 북한은 옥수수 같은 밭작물 재배 비율이 높다는 것을 알 수 있습니다.

2016년 통계자료에 따르면 남한의 농경지 재배 면적은 962천ha이고, 총 생산량은 4,707천 톤이며, 북한의 농경지 재배 면적은 1,862천ha이고, 총 생산량은 4,823천 톤이다. 북한은 산지 비율이 높아 밭의 비율이 60%를 차지하고, 농사를 지을 수 있는 평야가 부족하다. 남한은 도시화로 인해 경작지가 점차 사라져 경작지는 북한이 남한보다 2배 가까이 넓지만, 생산성은 남한의 40% 수준으로 낮아 연간 100만 톤 정도의 식량이 부족하다. 북한에서 생산하는 곡물은 쌀, 옥수수, 서류(고구마, 감자 등), 맥류, 콩류 순으로 많다.

가에 납부하고, 나머지 70%를 생산에 기여한 정도에 따라 나눠 가질 수 있는 '포전(圃田: 구획을 나눠놓은 경작지)담당제'를 실시하면서 열심히 일하고자 하는 노동 의욕이 한층 높아져 생산량도 늘어나게 된 것입니다.

생산량의 70%를 농민이 가져가게 되면서 협동농장의 작물이 쌀과 옥수수뿐만 아니라 과일이나 담배 등 특용작물과 염소나 돼지 등의 가축 사육으로까지 확대되었습니다. 이러한 조치의 결과로 북한의 곡물 생산량은 30%가량이나 증가했다고 합니다.

통일로 나아가는
한 걸음, 한 걸음

　　여러분은 혹시 〈우리의 소원은 통일〉이라는 동요를 알고 있나요? 동요로 만들어서 동네 아이들이 저마다 목놓아 부르게 만들었을 만큼 분단국가인 우리에게 통일은 아주 오랫동안 간절한 염원이자 중요한 과제였습니다.

　실제로 남북통일은 우리나라는 물론 주변국가들에도 정치적으로나 경제적으로 매우 막대한 영향을 미치는 일대 사건이 될 것입니다. 물론 아직까지는 종전선언부터 가야 할 길이 멀기는 하지만 말이죠. 하지만 앞으로 통일이 되면 우리나라에 어떤 일이 벌어지게 될지 미리 살펴보는 것은 미래사회의 주역인 여러분에게 분명 도움이 될 것입니다.

남북 경제협력의 시작, 철도 네트워크

여러분은 아직 주식시장에는 별다른 관심이 없을 것입니다. 하지만 현대 자본주의 사회에서 주식시장의 움직임은 경제 동향을 파악하는 데 있어 중요한 지표가 됩니다.

그런데 2018년 4월 27일을 전후하여 주식시장에서 심상치 않은 움직임이 감지되었습니다. 바로 시멘트, 건설, 철도 등과 관련된 종목들이 급등한 거죠. 2018년 4월 27일, 그렇습니다. 이날은 남한과 북한의 정상이 판문점에서 만난 역사적인 날입니다. 주식시장은 투자의 흐름을 파악할 수 있는 중요한 수단인데, 이때 주식시장에서 급등한 종목들은 바로 남북한의 경제협력이 추진되면 가장 먼저 진행되어야 할 북한의 인프라 구축과 관련된 업종들이었죠.

북한의 운송수단별 수송 분담률을 보면 철도가 86%로 가장 높고, 다음으로 도로가 12%, 해운이 2%를 차지하고 있습니다. 남북한이 경제협력을 시작하기 위해서는 운송 인프라를 구축해야 하죠. 북한의 도로는 왕복 2차선 도로가 대부분이며, 도로 포장률은 10% 정도에 불과해 아직 열악합니다. 항만시설 또한 안정적인 에너지 공급이 안 되는 상태이므로 크레인의 가동률이 낮아 운송 분담에서 차지하는 비율이 매우 낮습니다. 이러한 현실을 고려해볼 때, 남북한의 경제협력을 위한 운송수단 인프라 구축은 철도노선이 가장 경제성이 높고, 효과적이라고 판단됩니다.

현재 남한과 북한을 연결하는 철도 노선을 보면 '강릉-속초-대진-

금강산(온정리)'의 동해북부선과 '문산-임진각(도라산)-개성'의 경의선이 있습니다. 2018년 11월 30일부터 18일 동안 북한 철로 시스템 전반을 점검하고, 향후 현대화를 위한 기초자료를 구축하기 위해 경의선과 동해북부선 2,600km를 남북한이 공동조사를 실시하기도 했죠. 앞으로 경의선은 '서울-평양-신의주'를 연결하고, 이 철길은 중국의 '단둥-선양-베이징'으로 연결되는 중국횡단철도(TCR)와 연결될 수도 있습니다. 동해북부선은 향후 러시아의 블라디보스토크를 통해 시베리아 황단철도(TSR)와 연결된다면, 우리나라에

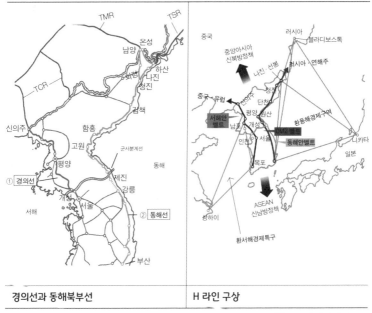

| 경의선과 동해북부선 | H 라인 구상 |

만약 우리나라가 통일이 된다면 북한을 거쳐 우리의 오랜 숙원인 대륙으로의 활발한 진출이 가능해집니다. 이것은 우리나라의 경제를 한 차원 발전시키는 도약의 발판이 되어줄 것입니다.

서 철도로 독일의 베를린, 프랑스 파리까지 진출할 수 있게 됩니다. 그렇게 된다면 한반도는 유라시아 대륙의 물류 중심지로 떠오를 수 있을 것입니다.

이는 문재인 정부의 'H 라인 구상'을 위한 첫 걸음입니다. 동해 북부선을 중심으로 한 환동해권 벨트는 에너지·자원 벨트로 북한의 자원은 물론 러시아의 가스관을 연결해서 우리나라에 에너지 자원을 안정적으로 공급하는 것이 핵심이죠. 이와 더불어 금강산과 원산을 활용한 관광 인프라 구축이 포함됩니다. 경의선을 중심으로

국제철도협력기구

러시아와 주변국가들, 중국, 몽골, 북한 등 28개국이 유라시아 대륙의 철도 운송과 관련한 운송 협정을 체결하고 서로 간 철도 관련 기술 협력을 도모하기 위해 만든 단체가 국제철도협력기구 (Organization for Cooperation of Railways)이다. 이 기구의 회원국들은 따로 협약을 체결하지 않아도 회원국 간 자유롭게 운송할 수 있다. 이 기구에 가입하려면 회원국의 만장일치 승인이 필요한데, 과거에 우리나라는 북한의 반대로 가입하지 못했다. 하지만 2018년 남북정상회담 이후 좋아진 남북관계의 분위기 속에 2018년 6월 7일 우리나라도 이 기구에 가입하게 되었다. 우리나라가 육로를 통해서 본격적으로 유럽으로 진출하기 위해 남은 과제는 이제 물리적인 철도 연결만이 남은 것이다.

한 환서해권 벨트는 교통·물류산업 벨트로 우선 개성공단, 평양, 남포, 신의주, 중국 등 핵심지역을 고속철도로 연결하는 것이 중요합니다. 북한의 철도는 거의 노후화되었고, 대부분 단선인데다가 속도도 시속 40㎞로 매우 느리기 때문입니다. 만약 앞으로 남북한 철도를 연결하게 된다면 자원, 물류, 관광산업의 활성화를 통해서 남북한 동반 경제성장의 초석이 될 것입니다.

동북아시아의 새로운 도약, 에너지 네트워크

환경오염과 방사능 물질 등의 문제로 화력발전소와 원자력발전소 가동에 대해 우려하는 목소리가 높습니다. 하지만 지속적인 산업발전과 우리나라의 산업구조를 유지하려면 전력 생산은 꼭 필요합니다. 이러한 문제를 근본적으로 해결하기 위해서는 새로운 시각의 접근이 필요할 것입니다. 특히 에너지 네트워크 구축이라는 새로운 대안을 생각해볼 수 있습니다.

러시아의 극동지방은 서늘한 기후로 여름철에도 전력 소비량이 많지 않습니다. 이때 남는 전력을 북한을 통해 우리나라로 송전할 수만 있다면 저렴한 비용으로 발전소 문제를 해결할 수 있을 것입니다. 이렇게 지역별 에너지 네트워크가 구축된다면 각 지역의 유휴 전력을 활용하여 전력 부족이나 발전소 건설에 따른 문제를 해결할 수 있을 것으로 기대됩니다. 전 세계적으로 보면 북미, 아프리

러시아 PNG 연결 루트
북한을 통해 러시아의 에너지 파이프라인을 연결해올 수 있다면 우리는 지금보다 30%나 저렴하게 가스를 이용할 수 있다고 합니다.

카, 동남아시아 등에 다양한 지역 에너지 네트워크가 구축되어 있죠. 안타깝게도 한반도의 분단현실로 인해 동북아시아 지역만 이러한 세계적인 흐름을 따라가지 못하고 있습니다. 앞으로 북한의 개방과 인프라 구축을 통해 동북아시아의 에너지 네트워크가 완성된다면 그 효과는 분명 기대 이상일 것입니다.

러시아의 풍부한 천연가스를 북한을 통해서 들어올 수 있다면 우리는 현재보다 약 30% 저렴한 가격으로 가스를 사용할 수 있다고 합니다. 우리나라는 현재 천연가스를 액화상태로 배에 실어서 운반하는데 이러한 형태로 운반된 천연가스를 LNG(Liquefied Natural Gas)라고 합니다. 이 수송선은 시간도 많이 걸리고 여러 설비가 필요하기 때문에 비용 부담이 크죠. 하지만 파이프라인으로 북한을 통해 한국으로 러시아의 천연가스를 수송하면 저렴한 비용으로 산업현장과 인구가 밀집한 도시에 공급할 수 있습니다. 파이프라인으로 운송된 천연가스를 PNG(Pipeline Natural Gas)라고 합니다.

러시아에서 PNG를 들여올 수 있다면 우리나라의 천연가스 공급망이 현재보다 다양해져 한층 안정적으로 천연가스를 확보할 수 있을 것입니다. 특히 소비량이 많은 수도권과 포항과 울산 등의 산업단지에 안정적으로 에너지를 공급할 수 있습니다. 또한 북한도 중국에 의존하던 에너지 수급으로 천연가스 생산 설비가 없었지만, 러시아에서 천연가스를 안정적으로 공급받아 전력생산 시설을 만든다면 고질적인 전력난 해소에 큰 도움이 될 것입니다. 218쪽의 그림과 같이 북한을 통과하는 천연가스 파이프라인을 설치하는 데는 대략 3년 정도의 시간이 걸릴 것으로 예상하고 있습니다. 남북 경제협력이 양국 간의 교류를 통한 경제적 이익에서 끝나는 것이 아니라 주변국의 인프라를 활용하고 협력할 수 있는 계기가 됨으로써 나아가 동북아시아 전체의 동반 경제성장이 기대됩니다.

함께 '윈윈'하는 남북 경제협력

남한의 산업구조를 들여다보면 3차 사업인 서비스업의 비중이 가장 높지만, 북한은 아직도 2차 산업인 광공업의 비중이 가장 높습니다. 요약하면 북한 경제의 기반은 풍부한 자원을 바탕으로 한 공업이라고 정리할 수 있을 것입니다. 군수공업을 중심으로 한 중공

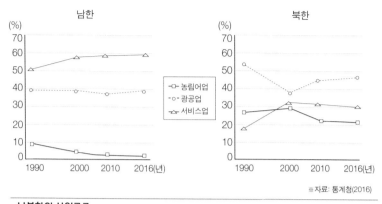

남한

북한

※자료: 통계청(2016)

남북한의 산업구조
서비스업 중심의 남한과 달리 북한의 산업구조는 광공업이 중심을 이룹니다. 다만 2000
년대를 기점으로 서비스업 비중이 이전에 비해 급상승했습니다.

업은 발달하였지만, 아직까지 경공업 발달이 미약해 주민들의 생필
품은 부족한 것이 현실이죠.

 천연자원이 부족한 우리나라와 달리 북한은 광물자원이 우리의
15배나 많은 광물 부국입니다. 세계 매장량 순위만 살펴보더라도
중석이 4위, 아연이 5위, 금이 7위, 철광석이 10위를 차지하고 있으
며, 기타 희귀금속도 10위권 안에 다수 포함되어 있습니다. 이러한
북한 자원의 가치를 환산하면 무려 4,100조가 넘는다고 합니다.

 우리나라는 세계에서 5번째로 자원을 많이 수입하는 국가입니
다. 한편 북한은 중국에 풍부한 자원을 헐값에 수출하고 있죠. 만약
남북한 간에 자원의 수입과 수출이 원활한 통로가 마련된다면 북한
도 지금처럼 헐값이 아닌 정당한 가격에 자원을 수출할 수 있고, 우
리나라도 상대적으로 저렴한 가격에 자원을 안정적으로 공급받을

수 있을 테니, 그야말로 서로에게 윈윈 전략이 아닐 수 없습니다.

하지만 북한은 풍부한 자원을 보유하고 있음에도 불구하고 이를 경제성장에 제대로 활용하지 못하고 있습니다. 왜일까요? 그 이유는 자원 채굴에 필요한 중장비를 구축할 때 들어가는 막대한 비용 문제, 채굴한 자원을 운송할 수 있는 철도나 도로 등의 운송 인프라 문제, 전력 공급이 안정적이지 못하다는 문제 등을 들 수 있습니다. 이러한 문제점들을 해결하기 위해서는 많은 자본과 기술력이 필요하기 때문에 자원개발에 대한 남북한의 경제협력이 정부와 민간에서 함께 추진될 때 비로소 실질적인 효과를 거둘 수 있습니다. 이러한 투자의 대가로 북한의 자원을 우리나라에 가져올 수 있다면 분명 우리와 북한의 동반성장이 가능할 것입니다.

현재 북한의 자원개발 사업에는 중국이 적극적으로 투자 의지를 보이고 있습니다. 어영부영 시간이 지체될수록 북한 자원에 투자할 수 있는 기회는 중국에 가로막혀 첫 삽조차 뜨기 힘들지도 모릅니다. 그렇기 때문에 우리나라가 경제협력 차원에서 자원개발에 대한 투자를 서둘러 선점효과를 누리는 것이 꼭 필요한 시점입니다.

미리 가보는
북한의 구석구석

여러분은 혹시 '철의 장막(iron curtain)'이라는 말을 들어본 적이 있나요? 2차 세계대전 이후, 지금은 붕괴된 소련에 속한 국가들의 폐쇄성을 풍자한 말입니다. 그런데 북한이야말로 아주 오랫동안 철의 장막보다 더욱 견고한 장막 속에 가려져 있던 국가 중 하나라고 할 수 있죠. 과거에 비해 국제 사회에 조금씩 모습을 드러내고 있기는 하지만, 북한은 아직까지도 우리에게는 미지의 나라에 가깝습니다. 국경을 인접하고 있음에도 우리는 언론에 소개된 몇 가지 이미지 자료에 근거해서 북한의 모습을 들여다볼 수 있을 뿐입니다. 그마저도 평양을 중심으로 몇 군데에 제한되어 있죠. 그래서 이제부터 여러분과 함께 가깝지만 먼 나라 북한의 이곳저곳을 함께 들여다보려고 합니다.

북한의 행정구역

북한은 9개의 도와 1개의 직할시, 2개의 특별시로 이루어져 있습니다.

북한의 9도(道) 3시(市)

현재 북한의 행정구역은 1개의 직할시와 2개의 특별시 그리고 9개의 도(道)로 구성되어 있습니다. 1개의 직할시는 평양이고, 2개의 특별시는 남포와 라선입니다.

조선 초기에 행정구역을 개편할 때 도(道)의 명칭은 지역 내 가장

이북 5도청
우리나라는 북한의 5도를 아직 수복하지 못한 우리 영토로 간주하여 이북 5도청을 행정
안전부 산하에서 관리하고 있습니다.

큰 고을 이름의 앞 글자를 따서 만들어졌습니다. 이러한 지명을 통해 과거 이 지역의 중심 도시가 어디였는지를 추론할 수 있죠. 예컨대 남한의 경우를 살펴보면, '경주'와 '상주'의 경상도, '전주'와 '나주'의 전라도와 같은 형태입니다. 그렇다면 황해도는 '황주'와 '해주', 평안도는 '평성'과 '안주', 함경도는 '함흥'과 '경성', 강원도는 분단으로 인해 남북이 나뉘기는 했지만, 남한에 속한 '강릉'과 '원주'가 가장 큰 고을이었습니다. 1954년에 북한이 새롭게 행정구역을 개편하면서 만들어진 자강도는 '자성'과 '강계'의 앞 글자를 각각 따서 만들어진 것이고, 량강도는 '압록강'과 '두만강'이 동시에 흐르는 지역이라 하여 붙여진 이름입니다.

남한은 북한이 1954년 개편한 행정구역을 인정하지 않고, 기존의 황해도, 평안남도, 평안북도, 함경남도, 함경북도의 5개 도(道)만을 법적으로 인정하며, 이곳에 도지사와 군수를 임명하고 있습니다. 서울시 종로구에 있는 '이북 5도청'은 행정안전부 산하에 있으며, 도지사와 군수는 실향민들의 추천을 받아서 행정안전부에서 임명하고 있죠.

우리나라는 법적으로 북한의 5도를 아직 수복하지 못한 우리 영토라고 간주하고, 통일이 된 후에 이 지역의 행정업무를 원활하게 담당할 수 있도록 이북 5도청에서 관련 업무를 담당하고 있으며, 임명된 도지사들 또한 행정안전부에서 월급을 받고 있습니다. 북한도 마찬가지로 아직 수복하지 못한 공화국 남반부 9도의 도지사를 임명하고 있다고 합니다.

남한에서 가장 가까운 황해도

황해도는 1954년 북한의 행정구역 개편으로 황해남도와 황해북도로 나누어졌습니다. 1954년 이전까지는 북한에도 경기도가 있었지만, 행정구역을 개편하면서 경기도를 황해남도와 황해북도로 편입시켰기 때문에 현재 북한에는 경기도가 존재하지 않습니다.

황해남도는 약 8,450㎢의 면적에 307만 명이 살고 있으며, 도청 소재지는 해주시입니다. 황해남도는 남한과 가깝다는 이유로 예전부터 도로나 철도와 같은 기반시설에 투자를 하지 않아서 공업 발달이 미진한 지역입니다. 하지만 북한에서 가장 남쪽에 위치하다 보니 기온이 상대적으로 온화하고, 재령강, 대동강, 예성강이 흘러 농업용수를 충분히 공급할 수 있어서 예성강 하류의 **연백평야**를 중심으로 북한 최대의 쌀 생산지역이 형성되어 있습니다.

황해북도는 약 8,153㎢의 면적에 210만 명이 살고 있으며, 도청 소재지는 사리원시입니다. 황해남도에 비해 산지 비중이 높기 때문에 인구가 상대적으로 적고, 석회석 매장량이 많은 **봉산군**을 중심으로 시멘트 공업과 사리원시를 중심으로 화학공업, 기계공업이 발달하였습니다. 북서부의 송림시는 황해제철소를 중심으로 금속공업이 발달해 있습니다.

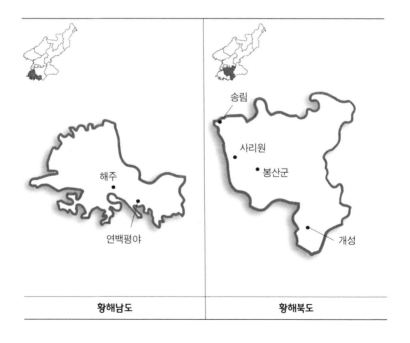

황해남도	황해북도

살수대첩의 평안도

조선시대 태종 13년(1413년)에 행정구역을 처음 개편할 때 평안도라는 지명이 만들어졌지만, 이때는 전국을 8개의 도로 나누었습니다. 하지만 1896년 행정구역 개편으로 13개의 도로 나눠질 때, 평안남도와 평안북도로 구분하였죠. 평안남도와 평안북도의 경계를 흐르는 청천강의 옛 이름은 '살수'입니다. 바로 을지문덕 장군의 살수대첩이 있었던 역사적 현장이기도 하죠.

평안남도의 면적은 약 11,890㎢이며, 약 405만 명이 살고 있습니다. 평양이 특별시로 분리되기 전에는 평양이 평안남도의 도청소재지였지만, 현재는 평성시에 도청이 위치합니다. 평안남도는 평양직할시와 남포특별시가 위치한 북한의 가장 핵심지역이죠. 말하자

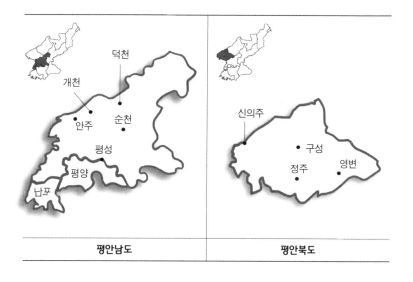

평안남도	평안북도

면 남한의 경기도에 해당하는 지역이라고 볼 수 있습니다. 이곳에는 대동강과 청천강이 흐르고, 서부에는 평야지대가 형성되어 있어 농업이 발달하였습니다. 또한 동부의 산지지역을 중심으로는 석탄과 같은 자원이 많이 매장되어 있고, 평양을 중심으로 한 교통 인프라와 비교적 안정적인 전력 공급 덕분에 북한에서는 공업이 발달한 지역에 속합니다.

평안북도는 약 12,600㎢의 면적에 약 273만 명이 살고 있으며, 신의주시가 도청소재지입니다. 일제강점기에 만들어진 경의선 철도를 중심으로 교통망이 잘 발달하였고, 압록강 하구 수풍댐의 수력발전으로 안정적인 전력 공급이 가능해서 일찍부터 공업이 발달한 지역입니다. 특히 2019년 2월 북미정상회담에서 뜨거운 감자로 뉴스에 많이 오르내렸던 영변 핵시설이 위치한 곳이 평안북도 영변군입니다. "영변 약산의 진달래꽃…"으로 유명한 이 시(詩)는 김소월의 고향인 평안북도에서 만들어졌습니다.

새로 생겨난 자강도와 량강도

자강도는 1954년에 평안북도의 북서부지역과 함경남도의 북동부지역 일부를 통합하면서 새롭게 만들어진 행정구역입니다. 자성군과 강계시의 앞 글자를 따서 행정구역 명칭을 만들었죠. 자강도는 16,765㎢의 면적에 약 130만 명이 살고 있으며, 강계시가 도청소재

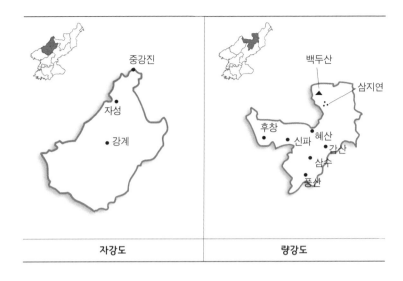

| 자강도 | 량강도 |

지입니다. 이곳은 낭림산맥, 강남산맥, 적유령산맥, 묘향산맥 등 높은 산지가 발달한 지역입니다. 평균 해발고도가 800m가 넘어 겨울철 기온이 매우 낮은 지역이므로 사람이 살기에는 적합하지 않죠. 한반도 전체에서 가장 연교차가 큰 지역인 **중강진**도 바로 여기에 속해 있습니다. 중강진은 고위도에 위치하면서 해발고도가 높고, 내륙 깊숙이 위치해 있죠. 자강도의 대부분을 이루는 산지에는 석탄과 아연 등의 자원이 풍부하고, 이곳은 중국과 국경을 마주하고 있는 지역이라서 경계태세를 유지하기 위해 예전부터 군수공업이 발달하였습니다.

량강도는 자강도와 함께 1954년에 신설된 행정구역입니다. 북서쪽으로 압록강이 흐르고, 북동쪽으로 두만강이 흐릅니다. 약 13,880㎢ 면적에 약 72만 명이 살고 있으며 도청소재지는 혜산시입니다. 량강도의 북동쪽에는 민족의 영산(靈山) 백두산이 위치하고 있습니다. 백두혈통을 강조하는 북한에서는 백두산이 있는 량강도의 지명에 김일성의 가족 이름을 넣은 군(郡)이 있는데, 아내의 이름을 딴 김정숙군(신파군), 아버지의 이름을 딴 김형직군(후창군), 숙부의 이름을 딴 김형권군(풍산군) 등이 있다고 합니다.

우리 속담 중에 '삼수갑산을 가더라도 먹고나 보자'라는 말이 있는데, 바로 죽을 때 죽더라도 배는 채우고 보자는 뜻입니다. 삼수갑산(三水甲山)은 죽음을 의미하는데, 여기에는 유래가 있습니다. 삼수군과 갑산군은 개마고원에 위치한 산골마을로 예로부터 큰 죄를 지은 죄인들을 유배 보내던 귀양지였습니다. 일단 이곳으로 쫓겨나면 혹독한 추위로 살아 돌아오기 힘들다는 악명이 높았기 때문에 붙여진 이름이죠.

2018년 4월 27일 서울에서 문재인 대통령이 김정은 국방위원장을 만났을 때, '백두산과 개마고원을 트래킹하는 것이 소원'이라고 말했다고 합니다. 그리고 그해 9월 20일 삼지연 공항을 통해 백두산 정상을 등반하고, 천지의 물을 생수병에 담는 모습이 언론에 소개되며 대중에게 강렬한 인상을 남기기도 했죠. 이렇듯 백두산은 북한뿐만 아니라 남북한 모두에게 상징적인 의미가 있는 장소입니다. 원래 예정에 없던 백두산 등반을 급박하게 결정할 수 있었던 것은 백두산 부근의 삼지연 공항이 있었기 때문에 가능했고, 삼지연 공항은 이미 언론에 자주 오르내리면서 어느새 우리에게도 익숙한 이름이 되었습니다.

백두산과 삼지연은 동시대에 만들어진 지형인데, 삼지연(三池淵)은 글자 그대로 세 개의 연못이 함께 나란히 있다고 하여 붙여진 이름입니다. 백두산이 폭발하면서 흘러내린 화산재가 골짜기를 메우면서 만들어진 아름다운 천혜의 호수죠. 삼지연과 백두산은 북한을 상징하는 장소로서 북한을 방문하는 외국인이라면 꼭 한번 가볼만한 관광 휴양지로 개발하고 있습니다.

량강도는 중국과 접경지역으로 이 지역의 대표적인 농산물인 밀을 중심으로 한 농산물 거래가 활발했다고 합니다. 그러다 보니 자연스럽게 상거래가 활발해졌고, 이러한 물건을 사고파는 장마당이 자주 열렸습니다. 이러한 이유로 량강도 지역은 북한 내에서 자본주의 시스템이 잘 정착한 곳이기도 합니다.

백두산의 진짜 높이는?

백두산의 높이는 공식적으로 2,750m이다. 하지만 남한에서는 백두산의 높이를 2,744m라고 측량했다. 이는 남한과 북한이 높이를 측정하는 측량기준인 수준원점이 다르기 때문이다. 우리나라는 인천 앞바다의 평균 해수면을 기준으로 하지만, 북한은 원산 앞바다의 평균 해수면을 기준으로 측정하기 때문에 백두산의 높이를 각각 다르게 표기한다. 하지만 북한에 있는 산이기 때문에 북한의 기준으로 산의 높이를 공식적으로 기록하고 있는 것이다.

기회의 땅 함경도

함경도도 평안도와 함께 1896년 행정구역 개편 때 함경남도와 함경북도로 나누어졌습니다. 함경남도는 약 18,534㎢의 면적에 약 307만 명이 살고 있으며, 도청소재지는 **함흥**시입니다. 함경남도의 북쪽은 개마고원과 맞닿아 고도가 높은 산악지대로 임업이 발달하였으며, 산지의 풍부한 지하자원과 수력발전을 통한 전력 공급으로 중화학공업이 남쪽 해안 평야지대를 중심으로 발달했습니다. 또한 동해안의 조경 수역과 접해 있어 어업을 중심으로 항구도시가 많이 발달했습니다.

함경북도는 약 15,980㎢의 면적에 약 216만 명이 살고 있으며, 도청소재지는 청진시입니다. 중국과 러시아의 국경을 마주하고 있는

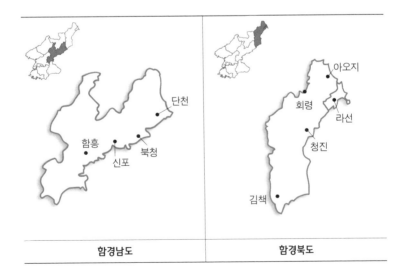

| 함경남도 | 함경북도 |

함경북도는 최근 개방정책으로 가장 주목받고 있는 지역이기도 합니다. 세계 3대 투자자로 유명한 짐 로저스(Jim Rogers)는 가장 투자가치가 높은 곳으로 한반도와 중국, 러시아의 접경지역을 지목하

기회의 삼각지대 중심 라진항

동북아시아의 두 강대국인 중국과 러시아는 오래전부터 태평양으로 진출하기 위한 부동항을 차지하는 데 많은 노력을 기울였다. 러시아는 고위도에 위치하여 겨울이 되면 항구가 얼었고, 중국은 태평양과 연결이 단절된 상태였기 때문에 태평양으로 진출하기 위한 부동항은 오랜 숙원사업이었다. 그래서 그들이 주목한 곳이 바로 북한의 라진항이다. 동해로 진출할 수 있는 부동항을 확보하는 것은 중국과 러시아에게 경제적 이익뿐만 아니라 일본과 미국을 견제할 수 있는 군사와 외교적 측면에서도 중요한 이점을 가진다. 따라서 북한의 라진항은 지정학적으로 중요한 의미를 띤다.

러시아 푸틴 대통령은 라진과 러시아의 하산을 연결하는 철도를 건설하며 적극적인 모습을 보였다. 북한이 러시아와 연결된 철로를 확보하는 것은 비단 러시아뿐만 아니라 우리나라에도 큰 의미가 있다. 이 철로는 우리나라의 동해북부선과 연계될 수 있어, 앞으로 남북 경제협력의 성과로 남북 철도가 연결되면 대륙과 연결된 육상교통 인프라를 얻게 됨으로써 우리나라도 대륙으로 뻗어 나갈 수 있는 길이 열리는 셈이다. 남북한의 경제협력이 늦은 감이 없지 않지만, 지금이라도 적극적인 투자를 통해 선점할 필요가 있다.

기도 했죠. 특히 중국의 훈춘, 러시아의 블라디보스토크, 북한의 라선을 연결하는 '기회의 삼각지대'를 향후 20년간 가장 흥미로운 지역이 될 거라고 이야기하며 세계인의 이목을 끌었습니다.

함경북도의 상징적인 장소 중 하나는 아오지입니다. 아오지탄광에는 신생대에 형성된 갈탄이 주로 매장되어 있는데, 일제강점기 병참기지화 정책으로 개발되기 시작했죠. 아오지탄광은 험준한 산지와 추운 날씨로 악명이 높은데, 사실 이곳은 정치범 수용소로 북한 체제에 반대하는 사람들에게 교화를 명목으로 힘든 강제노동을 시킨 곳으로도 유명합니다. 일제강점기부터 이곳의 풍부한 자원을 이용하기 위해 이 지역에 철로와 산업시설들이 만들어지면서 예로부터 공업이 발달한 지역이었습니다.

남북으로 분단된 강원도

북한의 강원도는 약 11,090㎢의 면적에 149만 명이 살고 있습니다. 남한의 강원도와 마찬가지로 대부분에 걸쳐 높은 산지가 형성되어 있어 면적은 넓지만, 인구밀도가 낮습니다. 강원도는 우리에게 잘 알려진 금강산을 중심으로 한 관광산업으로 경제성장을 도모했지만, 남북관계가 경색되면서 큰 경제적 어려움을 겪은 지역입니다. 하지만 최근 들어 새로운 관광 인프라를 조성하고 있다고 합니다. 그 결과 북한 최초의 스키장인 마식령 스키장이 완공되었습니다.

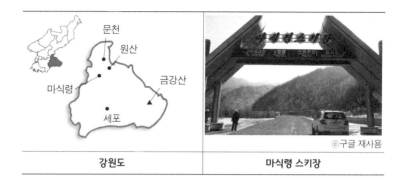

강원도	마식령 스키장

2014년 개장한 마식령 스키장은 4면의 슬로프와 케이블카 등을 설치하여 금강산과 함께 관광 메카를 꿈꾸고 있죠. 2017년에는 북한의 식량난 문제를 해결하기 위해 UN 식량농업기구의 지원을 받아 세포군에 현대적 시설을 갖춘 축산단지가 건설되기도 했죠. 강원도는 북한이 기존에 가지고 있지 않은 분야에 도전하는 일종의 '스타트업(start-up)'지역이라고 볼 수 있습니다.

이상으로 간략하게나마 북한의 이모저모에 관해 살펴보았습니다. 남과 북의 평화와 경제협력이 점점 더 절실해지는 때입니다. 하루속히 남북관계가 안정되어 남과 북이 함께 성장해 국제사회의 중심에 서는 날이 오기를 바랍니다.

지리, 경제를 보는
새로운 눈을 뜨게 하다!

사람이 살아가는 데 필요한 물건과 서비스를 생산하고 소비하는 활동을 경제라고 한다면, 지리는 이러한 경제활동이 일어나는 장소에 대해 관심을 가지는 학문이라고 할 수 있을 것입니다. 지리는 세계의 다양한 장소에서 어떠한 이유로 경제라는 현상이 다르게 나타나는지, 그 이유를 설명해줄 수 있는 학문이라고 생각합니다. 지리라는 렌즈를 통해서 경제의 흐름을 바라보면, '거기서 왜?'라는 질문에 대한 답을 찾을 수 있을 것입니다.

이 책의 1장에서는 경제활동이 활발한 도시라는 공간에서 도시가 성장함에 따라 특정한 지역의 가치가 변화하는 이유를 알아보았습니다. 특히 '젠트리피케이션'이 어떻게 나타나는지를 공간적으로 바라보고, 사회문제로 야기된 젠트리피케이션을 해결하기 위해 필요한 다양한 관점들을 이야기했습니다.

2장에서는 권역별로 다르게 나타나는 경제 수준의 차이를 종교라는 관점에서 바라보고, 종교의 율법과 문화가 경제활동에 어떠한 영향을 미쳤는지에 대한 에피소드를 알아봤습니다.

3장에서는 최근의 기후변화에 가장 큰 화두인 지구온난화의 알려지지 않은 이야기들로 시작하였습니다. 지구온난화로 인해 날씨의 패턴이 변화하면서 경제활동이 이러한 날씨와 어떻게 연관되어 움직이는지 알아보았죠. 그리고 기후의 변화로 고통 받고 있는 소외 계층에 대해서도 이야기했습니다.

4장에서는 경제활동의 근원이 되는 인구에 대해 인구학자들의 다양한 견해를 정리하였습니다. 그것들을 바탕으로 세계에서 가장 먼저 소멸될 것이라고 언급된 대한민국의 인구 문제를 이야기했습니다.

5장에서는 우리가 즐겨먹는 음식의 가격 변동을 다양한 에피소드와 함께 소개하였습니다. 식량 가격은 나비효과처럼 생각하지 않은 다양한 요인에 의해 변동되고 있다는 것과 식량의 생산 및 소비 과정에서 차별과 소외받은 사람들을 이야기했습니다.

6장에서는 경제적으로 세계의 중심에 서고자 했던 유럽연합의 형성 과정을 이야기했습니다. 그리고 영국이 경제적인 이유로 유럽연합을 탈퇴하게 된 과정과 그 영향에 대해서도 알아보았습니다.

마지막 7장에서는 가까이 있지만 잘 알지 못했던 북한에 대한 이야기를 정리했습니다. 현재 북한의 경제 상황뿐만 아니라 남북한 경제협력의 필요성과 가치, 남북통일이 한반도에 가져올 경제적 가치에 대해 이야기했습니다. 또한 우리가 잘 알지 못하는 북한의 지역정보를 실어 북한에 대한 이해를 돕고자 하였습니다.

이 책에서 나오는 이야기들을 읽은 여러분들이 좀 더 넓은 시야로 세상을 바라볼 수 있기를 기대합니다. 하지만 이 작은 공간에 세상의 모든 이야기들을 다 담아낼 수는 없었습니다. 이 책의 이야기들이 여러분이 세상에 대해 호기심을 가질 수 있는 마중물이 되었으면 하는 바람입니다.

대학시절 《허풍도 심하시네 사막에 펭귄이?》라는 책을 읽은 기억이 납니다. 3장에서도 소개한 지구온난화에 대한 다양한 관점들이 적혀 있었죠. 고등학교를 다닐 때까지 교과서에서 가르쳐주었던 '하나의 진실'이 세상의 전부가 아니구나 하는 것을 처음으로 깨달았던 순간이었습니다. 그때부터 관심 있는 주제에 대해 다양한 책을 찾아보기 시작했죠.

우리가 평소 어떤 '사건', '개념', '진실'에 대해 '가장 인정받는 하나'를 무비판적으로 정답이라며 맹목적으로 받아들이고 있는 것은 아닌지 고민해볼 필요가 있습니다. 하나의 '사건', '개념', '진실'에 대해 다양한 의견과 주장이 있을 수 있고, 그런 것들을 균형 있게 받아들일 때 세상을 바라보는 한층 넓은 시야를 가질 수 있을 것이라고 생각합니다. 이 책의 내용들은 그런 측면에서 가장 인정받는 하나의 진실이 아닌 '우리에게 잘 알려지지 않은' 이야기들을 중심으로 구성되었다고 말할 수 있습니다.

세상을 살다 보면 '경제적'이라는 이유가 모든 가치에 우선하는 경우가 많습니다. 물론 우리가 살아가는 데 있어서 경제적인 면을 무시할 순 없지만 그것이 최우선 가치는 아니라고 생각합니다. 이 책에서는 그러한 면에서 경제의 논리로만 접근하지 않았으면 하는 이야기들을 많이 다뤄보려고 했습니다. 젠트리피케이션으로 인해 쫓겨나는 세입자들의 이야기, 이상기후 현상으로 인해 힘겨워 하는 에너지 소외 계층과 기후 난민 이야기, 인구가 급속히 줄어들며 소멸되어가는 농촌의 시골마을 이야기, 부자들을 위한 신선한 채소를 생산하기 위해 노예처럼 일하는 이주 노동자들의 이야기 등은 오늘날 지구촌 시대를 살아가는 청소년들이 반드시 알아야 한다고 생각합니다. 또한 그들을 위해 우리가 무엇을 할 수 있을 것인가에 대해 진지하게 고민해봐야 한다고 생각합니다. 세계시민으로서 가져야 할 가치와 태도를 키우는 것은 시험성적을 위해 지식을 얻는 것보다 훨씬 가치 있는 일이라고 생각하니까요.

EBS 지식채널ⓒ 제작팀(엮음), 《지식채널e 1권》, 지식채널, 2009.

KBS 명견만리 제작팀, 《명견만리: 인구, 경제, 북한, 의료편》, 인플루엔셜(주), 2016.

강재호, 《지리레시피》, 황금비율, 2015.

김나미, 《청소년을 위한 세계종교여행》, 사계절, 2008.

김동식·반기성, 《미세먼지 극복하기》, 플래닛미디어, 2017.

김승호, 《맛살라 인디아》, 모시는사람들, 2008.

김용조·이강복, 《맬더스가 들려주는 인구론 이야기》, 자음과모음, 2011.

김정한, 《북한은 처음이지?》, 라이스메이커, 2018.

김한수, 《종교, 아 그래?》, 북클라우드, 2015.

모종린, 《골목길 자본론》, 다산3.0, 2017.

문하영, 《기후변화의 경제학》, 매일경제신문사, 2007.

민경태, 《서울, 평양 스마트시티》, 미래의창, 2018.

박병상, 《세계 시민 수업 3-식량 불평등》, 풀빛, 2016.

반기성, 《날씨로 돈버는 남자》, 프리스마, 2014.

반기성, 《워렌버핏이 날씨시장으로 간 까닭은?》, 플래닛미디어, 2011.

서의동, 《다음 세대를 위한 북한 안내서》, 너머학교, 2018.

온케이웨더 취재팀, 《날씨 충격》, 코난북스, 2014.

유현준, 《어디서 살 것인가》, 을유문화사, 2018.

유현준, 《도시는 무엇으로 사는가》, 을유문화사, 2015.

이옥순, 《인도는 힘이 세다》, 창비, 2013.

이재율, 《종교와 경제》, 탑북스, 2013.

전국지리교사모임, 《지리쌤과 함께하는 우리나라 도시여행》, 폭스코너, 2016.

전영수, 《한국이 소멸한다》, 비즈니스북스, 2018.

전종한·김영래·노재윤·장의선·천종호·최재영·한희경·홍철희, 《세계지리-
경계에서 권역을 보다》, 사회평론아카데미, 2017.

정민규, 《북한 투자의 시대》, 라온북, 2019.

정석, 《도시의 발견》, 메디치미디어, 2016.

정원오, 《도시의 역설, 젠트리피케이션》, 후마니타스, 2016.

정하봉, 《삶에는 와인이 필요하다》, 아르테, 2018.

주성하, 《평양 자본주의 백과전서》, 북돋움, 2018.

진천규, 《평양의 시간은 서울의 시간과 함께 흐른다》, 타커스, 2018.

최준식, 《최준식 교수의 세계 종교 이야기》, 모시는사람들, 2012.

카이스트 문술미래전략대학원, 《인구전쟁 2045》, 크리에이터, 2018.

한국도시연구소, 《도시재생과 젠트리피케이션》, 한울, 2018.

홍익회 외, 《홍익희의 유대인 경제사》, 한스미디어, 2017.

라이프사이언스, 《세계 5대종교 역사도감》(노경아 옮김), 이다미디어, 2016.

로렌스 C. 스미스, 《2050 미래쇼크》(장호연 옮김), 동아시아, 2012.

마시모 리비-바치, 《세계인구의 역사》(송병건 옮김), 해남, 2009.

미야지 슈사쿠, 《경제는 지리》(오세웅 옮김), 7분의언덕, 2018.

부르크하르트 바이츠, 《종교가 뭐예요?》(신홍민 옮김), 양철북, 2008.

사이언티픽 아메리칸 편집부, 《배고프지 않은 세상 식량의 미래》(김진용 옮김), 2017.

알렉스 캘리니코스 외, 《브렉시트, 무엇이고 왜 세계적 쟁점인가?》(김영익 · 김준효 옮김), 책갈피, 2019.

요시카와 히로시, 《인구가 줄어들면 경제가 망할까》(최용우 옮김), 세종서적, 2017.

우에하라 요시히로, 《차별받은 식탁》(황선종 옮김), 어크로스, 2012.

윌리엄 키건 · 리차드 로버츠, 《브렉시트와 신국제금융질서》(뉴스1 국제부경제팀 옮김), 뉴스1, 2018.

장 폴 크루아제, 《사막에 펭귄이? 허풍도 심하시네》(문신원 옮김), 앨피, 2005.

패트릭 웨스트호프, 《식량의 경제학》(김화년 옮김), 지식의날개, 2011.